8° L⁴h 2800

ROBERT 1990

RENÉE D'ULMÈS

Auprès des Blessés

PARIS
LIBRAIRIE ALPHONSE LEMERRE
23-33, PASSAGE CHOISEUL, 23-33

M DCCCXVI

au profit des convalescents militaires

Auprès des Blessés

OUVRAGES
DE
RENÉE & TONY D'ULMÈS

Vierge faible (Ollendorf)	1 vol.
Sibylle femme	1 vol.
La Puissance de la Mort	1 vol.
Les Forces perdues.	1 vol.
Nice	1 vol.

DE RENÉE D'ULMÈS

L'Ombre du Soir (Lemerre)	1 vol.
Sibylle mère (Lemerre)	1 vol.
Nomades (Lemerre)	1 vol.
Histoire d'une petite Ame (Lemerre)	1 vol.

EN PRÉPARATION

La Vie nouvelle de Jacqueline	1 vol.

Tous droits de traduction et de reproduction réservés pour tous les pays, y compris la Suède et la Norvège

RENÉE D'ULMÈS

Auprès des Blessés

PARIS
LIBRAIRIE ALPHONSE LEMERRE
23-33, PASSAGE CHOISEUL, 23-33

M DCCCXVI

Auprès des blessés

1er novembre 1914.

Des mois se sont écoulés depuis la grande heure qui a sonné à l'époque des vacances, où chacun savourait le repos gagné par des mois de labeur, où les pères étaient entourés d'enfants joyeux, ivres d'air et de jeux après l'année scolaire. Et soudain, dans cette atmosphère heureuse, éclata l'ordre de la mobilisation. De tous côtés les hommes arrivèrent, pris par le grand, l'impérieux devoir patriotique. Nous les vîmes partir un soir, à minuit, dans la gare de Nice, tapissée de riantes affiches. Une foule se pressait, grave, recueillie. Les jeunes gens, imberbes, écoliers d'hier, les pères de famille aux visages ridés. Et près d'eux étaient les mères, les épouses, les filles, les sœurs, pâles et silencieuses, avec la résignation du sacrifice consenti. Alors de toutes ces poitrines éclata le chant national, la *Marseillaise*, dont les mâles accents prenaient une signification glorieuse.

Pour nous, habitantes du Midi, la guerre est restée mystérieuse, grand drame qui s'accomplit au loin. Nous n'avons pas, comme celles du Nord et de l'Est, vu nos villes dévastées et nos maisons détruites. Mais nous connaissons l'angoisse de toutes les heures de savoir les nôtres là-bas, dans les tranchées, menant la vie rude et violente des combattants exposés aux obus meurtriers. Leurs lettres sont bien lentes à nous parvenir, alors nous les évoquons blessés, tués... Nous avons comme toutes les femmes de France notre part de douleur. Et un grand devoir s'impose à nous, soigner les blessés, accueillir les réfugiés, nous pencher sur tous les deuils et sur toutes les misères.

Une atmosphère de douceur enveloppe actuellement Nice, la ville du soleil. Certains de ses hôtels sont occupés par des hivernants qui collaborent à la tâche commune et travaillent pour les blessés et les réfugiés. D'autres palaces sont transformés en hôpitaux, et, à leur façade flotte le drapeau de la Croix-Rouge. Parmi ces demeures ainsi ennoblies est le Grand-Hôtel, devenu hôpital militaire temporaire, sous l'admirable direction de Mme M. Malgat. Un chirurgien en chef et des médecins sont secondés par des infirmières volontaires. L'entretien de l'hôpital est assuré par le ministère de la guerre.

Les blessés sont arrivés souillés de boue et de sang, hâves, exténués. Ce sont les héros qui ont sacrifié leur vie, simplement, pour la défense de la patrie. Leurs visages noircis par la poudre et par la poussière ont une noblesse émouvante. On les lave, on panse leurs blessures, on les couche dans des lits frais, et c'est comme une résurrection. Ils sont les hôtes qu'on va opérer, soigner, guérir.

L'aspect des salles est riant. Des fleurs s'épanouissent sur les tables et les infirmières passent, blanches, le front voilé, presque pareilles à des religieuses. Elles accomplissent allègrement les besognes les plus humbles, entourent les blessés de soins et d'attentions. On leur reproche de faire *trop*. Elles trouvent, elles, que ce n'est jamais *assez*.

Une communion étroite s'établit entre ceux qui souffrent et celles qui soignent. Les castes sont abolies, c'est une fraternité nouvelle. Les blessés révèlent leur âme à la fois héroïque, ingénue et gaie. Ils parlent avec confiance de leur famille, de leur travail. Et l'infirmière, active et douce, souffre de leurs souffrances, se réjouit de leurs joies.

La journée s'écoule avec sa stricte ordonnance. Heure gaie de la toilette, heure douloureuse des pansements, heure réconfortante du déjeuner, heure joyeuse de la partie de cartes, de la cigarette, heure anxieuse du thermomètre, heure grave de la seconde visite médicale, heure animée du dîner et des petites gâteries apportées par chacune, confiture, marmelade. Enfin pour les infirmières, l'heure qu'un Parisien gouailleur, malgré son bras amputé, appelle : « Le thé des infirmières ». C'est l'heure où l'on lave assiettes et verres, dans un petit office, l'heure où l'on cause...

— Mon blessé n'a plus que 37...
— Le mien a eu une petite rechute.
— Il veut son tilleul.

La nuit vient. Les ampoules voilées mettent une faible clarté dans la salle. Deux infirmières veillent. Elles passent entre les rangées de lits.

Ici une tête bandée s'incruste dans l'oreiller. Là, un moignon enveloppé d'ouate repose sur le drap. L'infirmière se penche vers un fiévreux et lui apporte une tisane, elle arrange un oreiller sous quelque épaule endolorie, elle essuie un front baigné de sueur. Elle assiste au cauchemar qu'ont presque toujours les nouveaux arrivés qui, la nuit, évoquent les images successives des champs de bataille, l'élan forcené, l'ardeur de la défense, et ensuite la douleur vive de la chair blessée.

Secourable, l'infirmière va de l'un à l'autre, s'attarde près de celui qui souffre davantage, lui prépare une boisson calmante, et parfois, tandis que ses doigts précautionneux baignent d'eau fraîche un front brûlant, le blessé, les yeux fermés, murmure :

« Merci, Maman ».

Et dans la salle blanche glissent les blancs fantômes qui signifient dévouement et bonté.

15 novembre 1914.

Les premiers temps, nous éprouvions de l'épouvante en face des blessures que font les engins des barbares. Puis nous avons constaté des guérisons innombrables, et nous prenons maintenant confiance. Aussi l'atmosphère de l'ambulance n'est-elle pas triste. Certes, nous avons des heures anxieuses près de tel opéré, mais nous le voyons ensuite se rétablir et nous ressentons une joie très douce.

Un blessé, B..., a traversé une épreuve particulièrement pénible. Au combat de..., voyant un camarade tomber, il se baissa pour le secourir. Un obus passa devant son visage, produisant une congestion aux yeux. Subitement il fut aveugle. Et les brancardiers durent l'emporter avec celui qu'il sauva. Le docteur soignait ses pauvres yeux rougis, sans regard, et affirmait qu'il guérirait.

B... nous disait :

— Une bataille, on ne peut pas s'imaginer. On a vu cela sur les tableaux, mais ce n'est pas pareil. Sur les tableaux il y a du silence, et là c'est un bruit terrible. Les obus sifflent comme des moustiques, les camarades tombent. On pense : « ça va être mon tour ! » Notre lieutenant nous a dit : « Mes enfants, vous ne vous laisserez pas faire prisonniers, défendez-vous ! » On était vingt contre cent. Je suis resté cinq jours à cheval. Pauvre cheval ! Ce qu'il était fatigué ! Enfin on a démoli ces boches ! Voilà un camarade qui geint près de moi. Je me penche, pour le secourir. Pff...! un sifflement, un éclair, je tombe, je ne vois plus rien. Mon idée a été : « Je suis mort ! » On m'a conduit ici en province, moi qui n'ai jamais quitté Paris. Savoir si je pourrai reprendre mon métier ? Je suis fondeur en bronze, un chic travail. Des fois, on a des statues, d'autres fois, des trucs amusants avec l'électricité. On trime ferme, mais on ne s'ennuie jamais. Le soir on va au théâtre. On cause avec les demoiselles. On ne sera jamais riche, sûr, mais on a du goût à vivre. C'est égal, à l'armée on a eu des chefs si bons, vraiment des frères pour le soldat. Ici, on trouve des infirmières gentilles et patientes, ça vous fait réfléchir. Quand on a passé par ça, on sera changé. Meilleur ? Pire ? Ma foi ! je crois qu'on sera meilleur !

B... a des heures de désespérance.

— Il me semble que je suis aveugle pour toujours et j'ai le dégoût de vivre, voilà ce que j'ai !

Peu à peu son état s'améliore, il aperçoit des gazes « comme dans un étalage de toutes les couleurs ». Un jour, je le trouve debout et joyeux. Il s'écrie :

— Je vous vois, je vois les camarades, je vois tout. Et puis, c'est épatant, je ne reconnais plus rien parce que je ne m'imaginais pas ça. Chic, on est dans un palace !

Et il se met à exécuter une danse. Est-ce le

tango ? Le pas de quatre ? C'est une danse inédite, celle de la guérison.

Mais la porte s'ouvre. Une infirmière entre, le visage irrité :

— En voilà un vacarme ! J'ai chez moi un opéré de ce matin.

Confus, B... s'excuse :

— Voyez-vous, on est content, on devient égoïste, on oublie les camarades... tenez, portez-lui ça.

Généreux, il offre son paquet de cigarettes. L'infirmière se radoucit :

— Quand mon blessé ira mieux, vous irez le voir, gardez vos cigarettes, mon ami.

B... s'empare du journal :

— Lire tout seul, en voilà une veine !

On lui donne un congé de convalescence et il repart pour Paris. Son lit est vide depuis deux jours lorsqu'un après-midi, je vois arriver un nouvel hôte vêtu d'un peignoir éponge, coiffé d'un bonnet de police et appuyé sur une béquille. Avec un sourire qui découvre des dents très blanches dans un visage hâlé, il annonce :

— C'est moi que je suis votre nouveau blessé.

On a changé la disposition des salles et c'est ainsi que Molinac a été désigné pour occuper le lit 302. Nous procédons à son installation.

Pas lourd son bagage. Des cartes postales illustrées, deux mouchoirs, un couteau et une orange.

Il observe :

— Dire que j'avais un sac bien garni, chemises, tricot, chaussettes, tout ça resté aux boches.

En échange de ce fourniment, les ennemis l'ont copieusement arrosé de mitraille, la cuisse et la jambe en ont été criblées, et ce méridional jadis robuste est actuellement voûté et boiteux. Une nouvelle opération est reconnue nécessaire Il observe simplement :

— Ce que j'en ai bouffé du chloroforme depuis que je suis ici !

On lui apporte des friandises et des cigarettes. Il partage avec les camarades :

— J'appelle ça être *socialisse* !

D'ailleurs, il ne fait pas de politique. Ame simple, gaie, il s'amuse d'une partie de cartes, d'un journal illustré. La guerre est reléguée, pour lui, dans le passé. Il en évoque parfois les souvenirs :

— On avait marché des jours et des jours, on s'était battus, on avait l'avantage tout le temps... c'était beau. Et puis un matin, on apprend que le fils de notre général, le lieutenant G..., avait été tué. Les officiers ont dit : Il ne faut pas lui annoncer ça tout de go... On le préparera... Voyez s'ils étaient avisés... Le général G... est tué net le soir même, d'une balle au front. C'est moi et deux camarades qui l'on ramassé. Les balles sifflaient... on n'y pensait pas. On a attaché le général sur un cheval blessé pour qu'il aille au pas, et puis on est revenu. Notre général avait son visage sérieux... Mais le sang coulait de la blessure et le cheval aussi saignait. Il pleuvait. C'était triste comme tout.

...Je tremblais de froid, les habits trempés, patatra ! Il m'a paru que tout ça séchait, je n'avais plus froid, mais aussi il me semblait que je n'avais plus de jambe... ni de fesse, sauf votre respect. Le plus dur, ç'a été de rester toute la nuit sans crier, parce que si un Allemand vient, il vous tire dessus. Au petit matin, les brancardiers français sont arrivés. Alors je me suis évanoui.

Molinac reçoit les visites de camarades convalescents. L'un, le petit François, au visage enfantin, découpe des images dans les illustrés, comme un gosse bien sage. Guéri, il va retourner au front :

— On défend son pays, s'pas !

Un autre vient souvent, le bras en écharpe. Grand lecteur, il m'emprunte « des livres d'instruction ». Il est cordonnier à Tours, a beaucoup médité.

— Dans les états assis, vous savez, on a le temps de penser.

L'incendie de Reims l'indigne :

— Ces brutes ! détruire une cathédrale, le cœur du pays ! Ah ! les bandits ! et ils pillent, ils tuent les femmes !... Dans les villages où nous arrivions, las, exténués, les paysans nous entouraient : Voulez-vous manger, boire ? On aurait aimé s'attabler avec ces braves gens, mais on devait les prévenir : « Voilà les Boches ! » Car ils arrivaient, massacraient les femmes et les enfants. Alors on aidait ces pauvres diables à emballer leurs quatre nippes... et puis plus le temps de manger. Moi je ne suis pas de mon naturel pour le carnage. Avant la guerre, je pensais : « Les Allemands, c'est des hommes comme nous, ils ont des chefs, ils obéissent ». Eh bien non ! ils ne sont pas comme nous, pas des hommes, pire que des bêtes ! Songez, dans un village, ils avaient mis devant eux toutes les femmes et les enfants. Vous pensez bien qu'on n'a pas tiré ! Alors eux tiraient et les mioches sont tombés, tués par les boches. Et moi j'aurais donné ma vie pour sauver un seul de ces petits. Parce que les enfants, voyez-vous, c'est tout l'avenir, tout l'espoir.

20 novembre.

L'hôpital est l'école de la sincérité, et les âmes secrètes des infirmières se révèlent, très diverses.

Mlle Marthe, avec son corps mince aux hanches étroites, son visage aux pommettes un peu saillantes, au front bombé, aux yeux bleus doux et mélancoliques, fait songer aux vierges de Memling.

Avant la guerre, elle était dactylographe dans une importante maison de commerce, dont le directeur, mobilisé, dut congédier son personnel. Mlle Marthe me dit :

« — Quand je me suis trouvée libre de mon temps, j'ai songé à devenir infirmière. Papa m'a approuvée. Il est très patriote. Engagé en 1870, il reçut la médaille militaire ».

Mlle Marthe n'a pas suivi les cours de la Croix-Rouge, mais, toute fillette, elle aidait sa mère à élever ses trois jeunes sœurs, et dans sa maison, dont le dernier étage est loué à des ménages d'ouvriers, quand un marmot se blesse en tombant ou quand un autre a quelque maladie, la mère vient prévenir « la demoiselle » qui grimpe lestement l'escalier, lave et panse l'écorchure du bambin, ou pose à un autre le sinapisme ordonné par le docteur.

C'est ainsi qu'elle a fait son apprentissage de garde-malade.

Le pli inscrit aux commissures de ses lèvres révèle une mélancolie. On n'a pas atteint ses vingt-cinq ans sans avoir eu quelque rêve et éprouvé quelque désillusion. Elle exerçait consciencieusement son métier, se confectionnait de jolis chapeaux, et elle semblait une jeune fille comme les autres.

Sa vraie personnalité s'est montrée à l'hôpital. Arrivée le matin la première, restant le soir la dernière, elle n'a plus d'autre intérêt que « ses blessés ». Elle glisse, silencieuse et active, prépare une tisane, arrange un oreiller. Elle voit les plus atroces plaies sans défaillir, et aide le médecin à faire les pansements.

Pour les malades, elle a une patience inlassable. Mais devant la négligence d'un infirmier peu scrupuleux, elle s'emporte, ses yeux bleus lancent des éclairs, ses joues pâles se colorent de rouge, et, avec indignation, elle s'écrie :

— Vous lui servez une soupe froide. Vous n'avez pas honte, vis-à-vis d'un camarade !

A une visiteuse qui tient ce propos maladroit :

— Comme ils sont choyés, ces blessés !

Elle risposte vertement ;

— Sans eux, Madame, vous ne seriez peut-être pas vivante !

La famille de Mlle Marthe vit modestement, avec la retraite du père, ancien chef de gare. La mère fait le ménage et la cuisine. Les deux filles aînées sont dactylographes, les deux plus jeunes suivent les cours du lycée.

Cette année, tout ce monde s'occupe des blessés. Les fillettes tricotent et cousent pour eux. La mère leur confectionne des confitures, et le père se prive de tabac, ne boit plus de vin, économise afin d'apporter des douceurs, chaque dimanche, aux blessés que sa fille Marthe soigne avec un admirable zèle. Elle est le dévouement incarné dans une apparence de jeune fille.

Un amputé lui dit :

— Ce que vous vous donnez de peine, Mademoiselle ! On se demande, quand il n'y aura plus de blessés, ce que vous pourrez faire !

· Qu'il se tranquillise ! Mlle Marthe saura toujours se pencher vers les blessés de la vie.

⁂

— L'ouvrage ça me connaît :
C'est une grosse personne large de hanches, à poitrine débordante, qui fait cette déclaration en empoignant un matelas qu'elle retourne lestement, elle secoue le traversin et l'oreiller. Puis elle soulève le blessé dans ses bras, sans effort, et le borde.

Avec ses manches retroussées, son tablier serré à la taille, son voile roulé sur la tête en marmotte campagnarde, elle a l'air d'une femme de ménage. Elle est dévouée sans douceur. Elle dit à un opéré qui geint :

— Ce que tu es douillet, mon garçon ! Il y en a ici quatre cents qui souffrent autant que toi, et pas un ne gueule comme toi !

Elle bouscule l'infirmier :

— Si tu apportes encore du lait tourné à mes hommes, je te fais coller quatre jours de prison par le major !

Quand une infirmière met des fleurs dans la salle, elle hausse les épaules :

— Ils aimeraient mieux un verre de vin !

A un soldat resté borgne à la suite de sa blessure et qui murmure :

— Je vais être bien laid !

Elle riposte :

— Tu tromperas moins souvent ta femme !

Un blessé lui demande :

— Dans le civil, quelle est votre profession ?

Avec emphase, elle dit :

— Je suis au théâtre... pas une étoile, je donne les billets, au contrôle de l'Olympia. Mais cette année, ça n'est pas à Nice que se joue le drame, alors je suis libre.

Le blessé observe :

— Ici, vous n'êtes pas payée, pourquoi venez-vous turbiner ?

Elle s'empare d'un bassin, oublié près d'un lit, et le soutenant à deux mains, elle répond :

— Pourquoi je viens trimer ici, mon petit ? Pour me distraire !

..

Cette autre infirmière a un teint d'ivoire ancien, des cheveux blancs, un front ridé, des lèvres pâles. Grande et maigre, elle ressemble à la très vieille abbesse d'une communauté de religieuses. La première fois qu'elle vint dans notre salle, on apportait un pauvre petit au visage rond et hâlé de campagnard, qui souffrait horriblement. Lorsque de ses doigts prestes, elle eut défait le bandage, on vit le pied qui ne tenait plus que par un lambeau de chair et l'os brisé par un éclat d'obus. Il fallut l'opérer immédiatement.

Quand on le rapporta dans son lit, il eut une crise de désespoir et sanglota :

« Me v'là estropié, à cette heure ! »

Alors elle se pencha vers lui, maternelle, trouva les mots qui apaisent et parvint à le consoler. Son état s'aggrava, il eut le délire, elle passa plusieurs nuits de suite à son chevet en disant :

« A mon âge, on n'a guère besoin de sommeil ».

Elle est très entendue aux besognes ménagères, frotte les gamelles avec du blanc d'Espagne, prépare des crèmes onctueuses pour le goûter des malades.

Cette personne si active et si simple est la comtesse..., elle habite une luxueuse villa, à Nice, est servie par de nombreux domestiques. On ignorerait qu'elle est très riche si notre armoire à linge ne se remplissait, comme par magie, de draps et de serviettes, si chaque convalescent ne recevait un petit trousseau, et si des douceurs, chocolat, vin fin, biscuits, n'étaient distribués quotidiennement aux blessés par ses soins discrets. Mais elle n'a pas voulu borner son effort à donner de l'argent, elle donne son temps, sa force, elle est la servante dévouée de ceux qui souffrent.

Riches et pauvres, jeunes et vieilles, sous le même uniforme, les infirmières se penchent vers les victimes héroïques de la guerre. Elles sont les mobilisées volontaires qui accomplissent le grand, le noble devoir des Françaises.

Nice, 1ᵉʳ décembre.

Les brancardiers sont recrutés parmi les auxiliaires. A l'arrivée des convois, ils transportent les blessés dans les chambres. Plus tard, ils les conduisent à la salle d'opération, visages contractés et anxieux, corps douloureux, et il les rapportent pâles, les paupières closes, inertes sous l'influence du chloroforme. Ils soulèvent les grands blessés, lorsqu'il faut les laver et refaire leurs lits. Les brancardiers ont pour consigne de se tenir à l'étage qui leur est désigné et d'attendre qu'on ait besoin d'eux. Parfois des heures s'écoulent sans qu'on les appelle, puis une infirmière arrive, pressée :

— Il faut porter le 203 à la salle de pansement.

Une autre survient et d'un ton autoritaire :

— Venez soulever le 304, on change ses draps.

Et généralement au même moment, le médecin-major fait prévenir « de descendre le 85 à la radiographie ».

Malgré leur bonne volonté, les brancardiers ne peuvent être partout à la fois, alors les infirmières qu'ils ont négligées éclatent en reproches aussi véhéments qu'injustes :

— Quels embusqués !

— Ils ne se foulent pas, ceux-là !
— Quels maladroits !

Et le chirurgien impatient les traite d' « empotés ».

Nul ne songe qu'ils n'ont pas choisi ce poste.

.˙.

L'un d'eux est petit, mince, les épaules étroites. Il roule les alèzes avec adresse, accueille les reproches avec un visage aimable, et son sourire semble demander :

— Et avec cela, Madame ?

Il remarque avec mélancolie :

— On s'abîme les mains ici.

Pendant ses heures de loisir il se polit les ongles. Commis dans un magasin de nouveautés, il examine d'un œil compétent les infirmières, quand elles arrivent en costume de ville. Parfois, il risque un compliment :

— Voilà un petit tailleur réussi. Ce revers a du cachet.

Et il se demande anxieusement :

— « Ce qui se portera après la guerre ».

.˙.

Cet autre brancardier est grand, d'apparence majestueuse, un peu alourdi par la graisse, avec un masque régulier.

C'est un acteur, et sa dernière création fut Néron dans *Quo Vadis*.

Il porte sa blouse comme une toge. Sa calotte prend sur sa tête un aspect de couronne et lorsque, les bras nus, il s'approche d'un blessé en roulant des yeux féroces, celui-ci, anxieux, demande :

— Qu'est-ce qu'il va me faire ?

Il offre un paquet de cigarettes, car il est généreux.

L'hôpital lui semble le théâtre où un grand drame se joue toute la journée. La salle d'opérations est « le lieu du supplice ». Il considère les infirmières vêtues de blanc comme des figurantes, voudrait les voir faire une entrée, quelque chose comme le « cortège des vestales ». Leur démarche pressée lui semble « sans rythme ».

C'est pour elles qu'il pose, mime Néron ordonnant qu'on jette les chrétiens aux bêtes ou bien, appuyé au mur, les bras croisés, impassible, il semble s'offrir aux poignards des conjurés.

Si d'aventure quelqu'un observe, en le regardant : « Il a une tête d'empereur romain », notre brancardier est heureux pour toute la journée.

.·.

Celui-ci est un rentier riche, qui s'occupe d'arts en amateur. De faible santé, il a jadis été réformé, mais très patriote, au moment de la mobilisation, il a intrigué pour être admis au moins dans l'auxiliaire. C'est avec orgueil qu'il a revêtu l'uniforme de simple soldat et a pris son poste à notre hôpital.

Il a vu arriver les premiers blessés et, tous ses nerfs tendus, les a soulevés, leur évitant des secousses.

Cet homme du monde a le dos un peu voûté, la poitrine creuse, le visage sillonné de petites rides. Avec ses yeux trop rapprochés, ses gestes vifs, il ressemble à un singe. Son teint jaune révèle un tempérament bilieux. Pendant les longues heures d'attente, il observe et critique impitoyablement :

« — Cette porte s'ouvre de façon à faire un courant d'air ; la lingerie manque d'armoires. Pourquoi s'obstiner à apporter chaque jour une bonbonne de tisane blanche, que les blessés ne boivent pas, car ils préfèrent la rouge ? »

Il goûte la soupe et le rata, flaire le vin, déclare que la nourriture est détestable. Et à chaque faute qu'il signale, il a un petit rire court, grinçant comme le bruit d'une poulie mal graissée.

Quand il apporte un blessé dans une chambre, il remarque tout de suite :

— Ce lit est placé trop près de la fenêtre. Si vous avanciez cette table, vous auriez plus de place.

L'infirmière, froissée, **répond** vertement :

— Mêlez-vous de ce qui vous regarde, mon garçon !

Il se pique d'avoir des connaissances médicales, mais au premier conseil qu'il a donné au chirurgien-chef, celui-ci l'a menacé de le « faire foutre au bloc ». Il a l'œil à tout, se mêle de tout, et est tellement occupé à surveiller et à morigéner tout le monde, qu'il est rarement à son poste, dernièrement, on lui a « collé » quatre jours de prison au grand amusement de tous ceux qu'il critique durement.

.·.

Son camarade a une barbe grise, des cheveux embroussaillés, un teint hâlé, des sourcils touffus abritant un regard très doux. Il est vêtu sans soin d'une blouse sale, chaussé de gros souliers non cirés. Il est d'aspect fruste, mais sans vulgarité.

Sa voix vibre sonore, réconfortante, et son intarissable entrain contraste avec la mauvaise humeur du rentier. Au moindre appel, il arrive en quatre enjambées et, avec une adresse extrême, soulève un blessé dans ses bras, l'installe doucement sur le brancard en le rassurant.

— Le major va t'endormir, tu ne sentiras rien pendant qu'on te débarrassera de l'éclat d'obus qui te taquine. Et tu pourras le montrer, plus tard, à ta femme et à tes gosses. »

Il aide volontiers les infirmières à porter les brocs si lourds, change un matelas, vide un bassin. Le soir, quand sa tâche est terminée, alors il va auprès de tel blessé dont il a remarqué l'air morose ; il lui donne du tabac, il cause avec lui, le réconforte. Il fait une partie de cartes avec celui qui souffre d'insomnie. Il surveille le repos des grands blessés. La nuit, quand on a besoin d'aide, c'est toujours lui qui arrive, les cheveux ébouriffés, actif et dispos.

Les infirmières disent entre elles :

— On peut compter sur celui-là !

En partant, l'une lui demande :

— Voudrez-vous voir, à dix heures, si le 305 prend bien sa potion ?

L'autre dit :

— Vous ferez apporter du lait, cette nuit, au 92.

— Si le 104 souffre trop, prévenez le docteur de lui faire une piqûre de morphine.

Il répond :

— Ça va bien !

Et il n'oublie jamais une recommandation. On le surprend parfois nettoyant d'un balai vigoureux un couloir poussiéreux, car il répare les négligences des autres.

On le prend pour arbitre, dans une discussion entre deux convalescents. Il dit :

— Celui qui rouspétera, je le foutrai par la fenêtre !

Sous une apparence simple, on devine une

âme supérieure toute de bonté et de dévouement. On ne sait ni d'où il est, ni quelle profession il exerce, car il ne parle jamais de lui-même. Cependant l'homme du monde, enquêteur et curieux, lui demande un jour :

— N'êtes-vous pas un prêtre mobilisé ?

Il répond jovialement :

— Oui, mon garçon, aussi sûr que toi, tu es un grincheux mobilisé !

13 décembre 1914.

Quarante lits sont rangés dans l'ancien hall de fêtes, aux colonnes de marbre, aux lustres et aux torchères dorées, avec de vastes baies ouvrant sur la cour où de grands palmiers dressent leurs bouquets verts.

Les infirmières remplissent les gobelets de tisane, apportent un journal, un livre. Elle passent, et leurs voiles blancs mettent un vol d'ailes auprès des blessés douloureux.

Deux convalescents, assis en face d'une petite table, font une partie de dominos. L'un a des cheveux gris, un visage ridé et ses bons yeux se posent amicalement sur son vis-à-vis, un adolescent au visage imberbe, à la tignasse ébouriffée. On croirait voir un père amusant son enfant malade. Or, ce sont deux camarades, deux simples soldats. L'un, quarante-cinq ans, réserviste, l'autre, dix-sept ans, engagé volontaire.

— « C'était mon idée, dit-il, de défendre le pays.

Mes parents m'ont autorisé parce que nous, les Bretons, on est bons patriotes, dame ! Et puis maintenant que je les ai vus, les boches, je comprends qu'on doive les détruire comme des loups enragés. Ce ne sont pas des gens comme nous. Là-bas, à l'ambulance, on en a rapporté un des nôtres qui avait été blessé et puis fait prisonnier. Eh bien ! son visage était meurtri avec des bleus partout... que le major n'y comprenait rien. Un officier allemand, voyant dans son ambulance un Français blessé, les mains bandées, sans défense, l'avait roué de coups avec un manche de cravache. Faut être lâche, tout de même ! Et puis ils sont brutes pour les leurs. Dans un village de la Meuse, les boches ont déguerpi en nous voyant. Ils laissaient cent de leurs blessés dans l'église, étendus sur de la paille. Nos infirmières et nos majors les ont soignés, ils étaient épatés, croyant qu'on allait les achever ! On a vu leur outillage... des pastilles qu'ils fixent aux boiseries et aux portes, ça éclate comme des fusées et ça met le feu. Et c'est après cette affaire-là que j'ai attrapé mon compte. Un obus a éclaté. Il y a eu un camarade tué, c'était affreux. Moi, blessé à la jambe et un autre éclat qui m'aurait bien troué la poitrine. Mais juste j'avais un gros portefeuille en cuir, bourré de lettres de maman et sa photo. Ça a écopé. Et elle qui m'écrivait : « Fais attention, mon petit, n'attrape pas de mauvais coup ». On peut dire qu'elle m'a sauvé. C'est rigolo, hein ?

Le camarade hoche sa tête grise, et gravement répond :

— Oui, c'est rigolo. Elle a d'autres gosses, ta mère ?

— Non, je suis unique. Tu penses si je suis gâté.

— Moi aussi, réplique l'autre, je suis gâté parce que ma femme est une dame très capable. J'ai deux gosses... toujours premiers à l'école. L'endroit où je reste, c'est Asnières, je travaille dans le plâtre, les moulages, des trucs comme il y en a au plafond d'ici.

Le petit engagé dit :

— Avant la guerre, j'étais employé dans une biscuiterie à Nantes. Mon vieux, c'est un patelin où l'ouvrier a de la distraction. Tous les dimanches d'été, des trains de plaisir pour le bord de la mer, on attrape des crabes, on récolte des moules. Et puis pour ce qui est de la gourmandise, on a de tout à Nantes, des biscuits sucrés et beurrés, des berlingots, des boudins blancs...

A l'entrée de la salle, deux infirmières paraissent soutenant un immense plateau de cuivre empli de pommes chaudes qui exhalent un parfum appétissant. Elles en offrent une à chaque malade. Quand elles ont disparu, le petit engagé volontaire observe, tout en piquant de la pointe de son couteau la pomme dorée :

— Elles sont gentilles, ces dames. Elles ont été à la cuisine cuire elles-mêmes ces pommes pour notre goûter. Et c'est des dames riches qui, chez elles, n'ont peut-être jamais lavé la vaisselle ! Ici, elles font de tout, et vives, et aimables. Elles sont même gentilles de trop. On devient douillet ici.

— Des fois, je dis comme toi, elles en font de trop, du linge blanc, des gâteries... puis je me souviens. On était vingt soldats et un sergent. Tout à coup, une pluie de balles. On a tous été touchés. Ils ne nous ont pas ratés ! Ils étaient des tas, et s'acharnaient... ils voulaient nous détruire. Les moins atteints ont aidé les autres, on s'est étendus tous... patatras : une dégelée, et huit ont été tués. Alors les douze que nous étions ont fait les morts. La fusillade a cessé. Mais sais-tu combien de temps on est resté ? Quatre jours, mon petit, avec ces pauvres types près de nous, tu penses s'ils puaient ! On avait d'abord un peu de pain dur comme du bois... puis on a fini par mâcher des morceaux de drap... moi je pensais à ma femme, à mes petits. Enfin, les brancardiers sont arrivés. Bien sûr, je ne regrette pas, c'est pour le pays. Mais suppose qu'on soit à l'hôpital avec un docteur et un infirmier qui passent au galop... on est lâche pour les coups de bistouri... on craint d'être amputé. Et puis le blessé a besoin d'affection. Alors les dames viennent, nous soignent nous rassurent. Elles nous estiment, ça se devine. C'est comme notre fa   . Avan guerre, il semblait qu'on était les pauvres et les riches et qu'on ne s'aimait pas beaucoup. Maintenant on comprend qu'on est tous des Français, rien d'autre. La guerre, ça instruit.

Le petit écoute, attentif. Son mince visage, ses grands yeux sérieux expriment qu'il est de ceux pour lesquels la grande leçon a été éloquente. Et pour nous tous, la guerre est un grand, un tragique enseignement qui nous fait connaître la grande fraternité.

.·.

20 décembre.

Mort au champ d'honneur à l'âge de trente ans, Jacques D..., qui se signala par sa belle conduite.

Il s'agit d'un être que nous considérions comme un frère lointain, le mari d'une de nos infirmières.

Ingénieur à Alexandrie, dans une usine importante, la santé ébranlée par le climat, il aurait pu être réformé. Mais il revint en France avec sa femme et s'engagea comme simple soldat.

Mme Thérèse s'enrôla parmi les infirmières de notre ambulance. Blonde et jolie, elle eût semblé une jeune fille sans son regard bleu grave et doux. Elle gardait le regret profond d'une petite fille qu'elle avait perdue.

Elle se montra une infirmière modèle, toujours prête à accomplir les tâches les plus pénibles, à veiller la nuit, à aider à un pansement particulièrement délicat.

Elle s'entendait aussi à confectionner des plats savoureux pour les malades, sur notre rudimentaire réchaud. Et elle nous disait :

— Quand mon mari a débuté, je m'occupais de notre ménage. Puis le directeur de l'usine, appréciant l'intelligence de Jacques, lui a donné de gros appointements et nous avons mené une vie large. Après la guerre, il faudra chercher une nouvelle situation. Bah ! pourvu qu'il vive ! Pourvu qu'on ne le tue pas, là-bas !

De quel accent passionné elle disait cela !

A ses moments de loisir, elle tricotait diligemment, et les blessés observaient :

— Votre mari ne manquera pas de chaussettes !

Elle répliquait :

— Il partage avec ses camarades. Vous ne savez pas combien il est bon et généreux !

Quand Mme Thérèse arrivait à l'hôpital les yeux brillants, le teint rose, nous lui disions :

— Parions que votre mari vous a écrit !

Elle me lut la lettre suivante :

Ma chère femme,

Un être à longue barbe, au visage tanné par le soleil de l'automne dernier, durci par la gelée de l'hiver actuel, un être vêtu d'une tunique qui semble en terre glaise, un être qui semble subir une mytérieuse pétrification comme si, homme de chair, il allait devenir homme de roche, voici, chère amie, ce que des mois de guerre ont fait de ton mari. Un homme de roche insensible au froid, au chaud, et, il faut bien le croire, aux éclats d'obus qui nous arrosent quotidiennement. Et l'âme et le cœur sont aussi changés, plus sensibles parce qu'ils comprennent davantage.

Nous, les bourgeois qui avons eu trop de bien-être, nous saurons désormais ce que veulent dire ces mots : froid et faim. Et nous serons plus pitoyables à des souffrances que nous aurons partagées.

Jusqu'à présent, il me semblait simple d'avoir une exquise petite femme, d'aimer et d'être aimé. Maintenant, dans ma solitude, j'apprécie mieux l'immense bonheur qui fut le mien, qui sera le mien quand je te retrouverai après la victoire.

La Victoire ! Nous autres qui sommes en contact avec l'ennemi, les grands chefs et les humbles soldats, nous évoquons la victoire ailée, celle que nous dessinions sur nos cahiers d'écoliers.

L'ombre s'étend, la nuit vient, la longue nuit où je serai de faction. Et il me semble que c'est ton repos, celui de toutes nos sœurs et de tous nos enfants de France sur lequel je veille, moi, humble caporal en capote trempée d'eau et de boue.

A toi, ma chère bien-aimée.

Jacques D...

Un jour, Mme Thérèse pâle, inquiète, nous dit :

— Voilà trois jours que je suis sans nouvelles de Jacques. Je lui ai envoyé une dépêche, parviendra-t-elle ?

Cinq jours, six jours s'écoulèrent ; la jeune femme se désespérait :

— Je ne sais même pas dans quel endroit de France il gît, blessé sans doute.

Ce matin, notre infirmière-major nous a annoncé la terrible nouvelle :

— Le mari de Mme Thérèse D... a été tué à l'assaut de ***.

Dans la salle où sa fine silhouette ne se montrait pas, un silence inaccoutumé régnait. Il semblait que, parmi nous, fut un mort invisible que nous veillions pieusement. Et nous songions à notre douloureuse compagne, mère sans enfant, femme sans mari. J'allai la voir. Une de ses amies était près d'elle, et me conta comment la dépêche était arrivée, la veille au soir. Mme Thérèse la lut, et dit : — « Il est mort ! » Et elle poussa un long, un affreux cri et s'affaissa sur sa chaise évanouie, comme morte. On l'étendit sur son lit, la nuit s'écoula en un sommeil lourd, accablé, provoqué par l'éther. Le matin vint. — Et ce fut affreux. Toute la nuit, elle avait eu la sensation de se débattre dans un cauchemar. Avec le grand jour clair, la vérité lui apparaissait, très nette. Son mari, frappé d'une balle au front, n'avait pas souffert. On lui avait rendu les honneurs miliaires.

Et c'était là sa seule consolation, savoir que Jacques reposait dans une tombe lointaine où elle irait s'agenouiller, un jour.

La triste veuve n'avait pas eu cette suprême consolation d'ensevelir le cher défunt, mais elle fit célébrer une messe en souvenir de lui.

Nos blessés eurent une pensée infiniment touchante. Ils nous prièrent d'acheter, pour eux, une belle gerbe de roses et d'œillets, nouée d'un ruban où fut inscrit en lettres d'or :

« *A notre cher camarade* ».

Et dans la petite église de Saint-Barthélemy, Mme Thérèse D... vit la nef emplie de soldats convalescents. Seule au monde, elle retrouva une famille élargie, composée de tous les frères souffrants que son dévouement avait aidés à guérir.

Elle revint parmi nous, plus fine encore sous la blouse blanche qui voilait sa tunique de deuil, et elle reprit sa tâche simplement, héroïquement, en vraie Française.

27 décembre 1914.

La semaine d'avant Noël avait été presque joyeuse. Nous préparions des envois pour les enfants des blessés afin qu'ils aient un réveil heureux près de la mère seule et triste.

Les portraits de ces bambins sont épinglés au

chevet des lits. Certains, jaunis et froissés, furent rapportés du champ de bataille dans le sac troué par les balles, souillé de boue et de sang. D'autres photographies ont été faites après le départ du père. Il les a reçues à l'ambulance et avec quelle joie il a revu les chères images des siens ! Nous avons donc choisi des poupées, des soldats de plomb et de toutes étroites brassières de laine pour les derniers nés, ceux que les pères ne connaissent pas encore.

La veille de Noël, nous avons apporté à nos blessés les petits présents qui leur montrent que nous pensons à eux : cache-nez et mitaines, tricotés à leur chevet, cigarettes, chocolat, mandarines, car les malades, comme les enfants, aiment les gâteries.

L'heure du dîner arrive. Dans les couloirs retentit le cri du soldat-serveur : « La soupe... La sou...oupe... » Et les infirmières en blouse blanche viennent remplir les gamelles de bonne soupe fumante. Puis c'est le vin, le pain, le rata — gigot et riz. Mais une cloche sonne annonçant un événement inattendu.

Le chirurgien en chef arrive et nous dit :

— On m'annonce pour cette nuit un convoi de cent cinquante grands blessés.

Et il nous donne des instructions, afin que nous fassions transporter les convalescents dans une petite salle claire et gaie et que nous préparions nos chambres pour les hôtes attendus. Vives, les infirmières descendent, reviennent les bras chargés de draps et de serviettes, les brancardiers apportent des matelas, des oreillers et dressent des lits supplémentaires. Et dans les salles de pansement, les docteurs et leurs aides préparent les compresses de gaze stérilisée, les rouleaux d'ouate, les flacons d'éther et d'eau oxygénée, et ils rangent sur les tables de verre les instruments compliqués et délicats en nickel brillant. Maintenant, tous les lits ont des draps blancs, notre directrice Mme Malgat a surveillé les arrangements.

Un tirailleur algérien, son bras gauche en écharpe, veut absolument nous aider, il agite un bras droit indemne :

— « Bono bras fort, bono ! »

Il va trouver la directrice, rapporte triomphalement six mouchoirs de poche et dit :

— Ton général t'envoie ça.

Il regarde nos brassards à croix rouges et remarque :

— Bon général Malgat décore dames, donne cigarettes à blessés, y a bon !

Celle que Sidi appelle *le général* nous partage en deux escouades, l'une, de nuit, attendra les blessés, l'autre viendra au matin.

Le général dîne d'un sandwich et d'une mandarine tout en inscrivant des notes sur son registre.

A onze heures nous revenons. Je songe involontairement aux soirs de jadis où des bals se donnaient en ce même Grand Hôtel.

Le hall est décoré de plantes vertes, le vaste escalier de marbre brillamment éclairé, et sur les tables des vestibules, œillets, roses et mimosas, enlevés des chambres de malades, mêlent leurs parfums délicats aux effluves de chloroforme, d'éther, d'iodoforme. Au lieu de jeunes femmes et de jeunes filles en robes de soie et gazes multicolores, aux cheveux blonds et bruns, ornés d'aigrettes, de perles et de diamants, ce sont les silhouettes uniformes, en blouses de toile blanche, aux voiles blancs, qui, silencieuses et rapides, se rendent dans les salles.

Je m'approche de la fenêtre. Les montagnes s'estompent en contours imprécis. Les croix blanches du cimetière se profilent sur le crêpe gris du ciel. Dans le jardin public, les arbres laissent pendre leurs chevelures de ténèbres, les ombres odorantes des fleurs frissonnent sur leurs tiges et les arcades du Casino, actuellement caserne, bordent la petite place où un gros palmier dresse ses éventails sombres. Un tirailleur algérien, son fusil sur l'épaule, est en faction. Et l'aspect exotique me rappelle une ville d'Algérie.

Un ronflement d'automobile. La clarté vive des phares. Une, deux automobiles se rangent devant la façade où flotte le drapeau blanc à croix rouge. Les brancardiers sont à leur poste.

Au long des couloirs se déroule le cortège des soldats, portés sur des civières.

Leurs visages, noircis de poudre, de charbon,

de sueur, sont rigides, comme pétrifiés, et dans leur uniforme alourdi de boue et de sang, ils semblent des statues de la souffrance. Nous les dévêtons et nous les lavons. Les médecins les pansent. Ils reposent enfin dans de bons lits. Le regard s'anime, le malade parle, une force nerveuse le soutient, il ne sent pas sa fatigue. On s'empresse. On lui sert un bouillon réconfortant.

Cinq blessés sont déjà arrivés. Lorsque le docteur nous dit à mi-voix :

— Celui-là est très abîmé.

Les brancardiers le placent sur un lit. Autour du torse des jambes et des bras sont enroulées des bandes que le pus et le sang ont teintés en rouge avec des traînées verdâtres. Une violente odeur de décomposition se dégage. Le chirurgien enlève le pansement souillé. Alors nous voyons des blessures saignantes au flanc, aux cuisses et aux bras.

Avec ses longs cheveux, sa barbe d'un blond pâle, son visage aux pommettes saillantes, et ses cinq plaies ouvertes, il ressemble aux statues du Christ en bois sculpté, d'un réalisme si impressionnant, qu'on voit dans les églises d'Espagne.

Le pansement est long, douloureux. Après il murmure :

— Soif..., j'ai soif !

Quelles précautions pour soulever la pauvre tête qui repose lourdement sur l'oreiller, pour faire boire un peu de lait, cuillerée à cuillerée.

Maintenant les lumières sont éteintes ; derrière les vitres, un voile d'un bleu fin paraît tendu. La lampe du plafond semble un oiseau immobile et sombre aux ailes éployées. Les blessés dorment, leurs visages s'incrustent, d'une teinte grise dans la blancheur de l'oreiller.

En cette veillée, mon esprit se retourne vers les heures de jadis au chevet de malades très chers. Et pour ces inconnus, je ressens une pitié fraternelle. Une plainte faible me fait sursauter. Je m'approche du blessé. Des mots haletants s'échappent de ses lèvres : « Les boches... ils tirent... raté ! » L'atmosphère tragique du champ de bataille est évoquée. Puis le soldat s'apaise. Là, dans cet autre lit, l'homme au flanc troué, aux cuisses saignantes, au bras mutilé, souffre et se plaint...

Cependant, il y a plus de dix neuf cents ans, un petit enfant est né dans une humble crèche, petit enfant divin qui a dit : « Aimez-vous les uns les autres ». Et, dans l'hôpital et dans la ville et dans le pays gisent des êtres mutilés par les Barbares...

Les cloches résonnent avec allégresse, cloches signifiant l'espérance, cloches annonciatrices de la Victoire pour laquelle ces blessés anonymes ont donné leur vie...

La porte s'ouvre. Dans un encadrement apparaît l'infirmier en blouse blanche, à longue barbe de missionnaire, qui apporte une jatte de café au lait. Derrière lui, deux jeunes infirmières soutiennent une grande corbeille emplie de brioches qui exhalent une bonne odeur de pâte chaude. Alors un des blessés ouvre de clairs yeux bleus, dans un visage blême, ses lèvres sourient et il prononce :

— C'est Noël !

Les jeunes filles disent :

— Heureux Noël, mes amis.

Et le soldat crucifié murmure à son tour :

— Heureux Noël !

5 janvier 1915.

Ce dimanche, une pluie fine tisse derrière les vitres un rideau de perles qui masque la vue. Les blessés souffrent davantage de rhumatismes pris dans les tranchées. Ils sont mornes aussi, car les camarades convalescents, qui d'ordinaire viennent les voir le dimanche, ne sortiront pas.

Nos malades ont bu mélancoliquement leur thé de quatre heures, accompagné d'une brioche et d'une tartine de confitures. Car dans cette fraternité des blessés et des infirmières, ceux-ci ont pris goût au thé, celles-là sont accoutumées à l'odeur un peu âcre du tabac caporal. Et puis nous vaquons à nos besognes habituelles, aider le docteur pour les pansements, faire les lits, laver la vaisselle, ranger la chambre qui, maintenant, est dans un ordre minutieux.

Molinac remarque :

— C'est pourtant joli ici. On a de tout. Mais aujourd'hui, on a le dégoût de vivre !

Et il laisse le magazine sur son lit, sans courage pour le parcourir. La porte s'ouvre. Un infirmier annonce :

— Une visite pour vous !

Le visage de Molinac s'anime. Il prononce avec son accent méridional.

— Ça va être une distraction !

Le visiteur salue les dames avec infiniment de courtoisie, puis s'approche des lits, offre des paquets de cigarettes aux malades ; grand, maigre, un visage couturé de rides, cheveux et moustache blancs. La rosette de la Légion d'honneur met sa teinte vive au revers de la redingote noire strictement boutonnée. Et nos blessés ne s'y trompent pas. D'emblée, ils répondent : « Merci, mon colonel », à celui qui s'informe d'eux avec bonhomie et qui est, en effet, un colonel en retraite.

Il demande :

— L'un de vous est bien du...ᵉ d'artillerie ?

Molinac réplique :

— C'est moi, mon colonel ; — il ajoute — : Dans le civil, je suis cultivateur.

Le vieil officier interroge vivement :

— Vous étiez commandés par le capitaine D... ?

— Oui, mais...

Le visage du blessé reflète une émotion subite. Alors l'interlocuteur, la voix un peu tremblante, dit :

— Il a été tué au champ d'honneur. C'était mon gendre.

Et il interroge anxieusement :

— Parlez-moi de lui...

Le soldat hoche la tête :

— Voilà comment c'est arrivé, mon colonel. On était étendus tout de son long, protégés par un petit monticule ; mais lui, le capitaine, il se tenait debout : c'était sa manière. Toujours exposé à l'ennemi. Et puis une pluie de mitraille est tombée, venue on ne sait d'où. Lui a été frappé à la tête. Il s'est affaissé. Moi, j'ai attrapé un éclat qui m'a démoli la jambe.

Le colonel demanda :

— Vous n'étiez pas là .. au moment de sa mort...

— On m'avait déjà emporté, mon colonel. Le capitaine souffrait trop... Les camarades l'ont arrangé sur leurs capotes, comme sur un matelas. Et puis quand ça a été fini, l'un d'eux qui était curé a dit les prières. Quand on m'a raconté cela, je pleurais comme un enfant. Le capitaine, on l'aimait. Voyez-vous, c'était un homme juste. Par exemple, il défendait de chaparder. Même des pommes de terre dans les champs, qui se perdaient, fallait pas qu'on essaye de les arracher. Mais une fois, dans une auberge, la patronne, fière de servir un capitaine, avait mis un gigot au four et puis un lapin sauté. Alors le capitaine a dit : « On va partager ça avec mes soldats, ça améliorera la gamelle ! » Nous autres, on n'a guère laissé que les os. Et le capitaine nous a fait servir un bon café, et distribué ses cigares... et puis pas fier avec le soldat. On se serait fait tuer tous, pour le sauver.

Le colonel reprit d'une voix émue :

— Nous n'avons pas pu ramener son corps ici, car l'ennemi est encore là-bas. Alors ma fille voudrait retrouver les soldats qui ont veillé l'agonie de son mari. Ce serait un grand hasard... et pourtant une telle consolation pour elle !

La pensée de cette épouse en deuil nous émeut. Puisqu'elle ne peut pas porter de fleurs sur la tombe aimée, elle assemble les derniers souvenirs, les dernières paroles comme des reliques précieuses. Et le père, en se levant, dit:

— Elle viendra vous voir, mon camarade, et vous amènera son petit garçon.

Il part en s'appuyant lourdement sur sa canne.

.·.

Un peu plus tard, dans la salle de stérilisation où nous venons rouler des bandes, nous parlons de ce mort glorieux. Une voix frêle dit soudain :

— Mon mari, lui aussi, a été tué du côté de Verdun... en novembre...

Celle qui a prononcé ces paroles est d'apparence si enfantine, qu'une infirmière surprise demande :

— Comment ! Mariée... vous ?

Elle répond :

— Oui, je me suis mariée au mois de juin...

Cette jeune femme a de grands yeux bleus très doux. Le voile qui cache ses cheveux encadre un visage pâle, au nez mince, à la bouche sérieuse, au menton un peu aigu. Elle vit dans la petite salle aux murs de faïence blanche où l'autoclave entretient une chaleur suffocante.

Sur une grande table s'amoncellent des rouleaux de mousseline qu'avec de grands ciseaux elle coupe en carrés uniformes. Avec son pur profil, elle fait songer à quelque béguine qui travaille aux trousseaux des mariées, aux layettes des nouveau-nés. Mais ici, les mousselines pures, l'ouate floconneuse sont destinées à panser des plaies innombrables. Et, active et silencieuse, la jeune infirmière poursuit son travail.

Elle est fine, aristocratique en sa blouse d'un blanc immaculé, avec de petits souliers blancs. Un de nos infirmiers qui, dans le civil, appartient au théâtre, l'a surnommée un peu ironiquement : « La princesse lointaine ».

Et voici qu'elle nous livre soudain le secret de son silence et de sa mélancolie. Une infirmière compatissante dit :

— Vous venez ici quand même ? C'est très bien...

Elle répond d'un ton morne :

— Mon mari est parti le 1er août... Moi je suis venue à l'ambulance dès qu'elle a été organisée... Quand j'ai appris la nouvelle, c'était la semaine où tant de blessés sont arrivés... Les infirmières n'étaient pas assez nombreuses... je ne pouvais pas... je ne devais pas abandonner mon poste. Et puis j'espérais... s'il était prisonnier... malade... Mais un de ses camarades est venu, m'a rapporté son portefeuille... il l'avait enseveli... Et j'ai reçu une lettre de lui, une lettre retardée... Il me disait : « Tu fais d'utile besogne. Tu es une mobilisée, toi aussi ». Elle ajouta simplement : — Je n'ai pas déserté. Et d'un geste habitué, elle plie les carrés de mousseline, elle roule les grandes bandes d'ouate, elle range les instruments de nickel brillant qui, demain, lui seront rapportés souillés de pus et de sang. Elle accomplit scrupuleusement son humble devoir. Elle n'a pas déserté...

Et parmi la longue théorie des femmes qui soignent et veillent, combien y a-t-il d'épouses pleurant un mari adoré, de mères dont le fils a été tué, de fiancées qui ne connaîtront pas les noces ?

Elles viennent sans défaillance remplir la tâche nécessaire. La blouse blanche voile une robe de deuil. Le masque calme cache l'affreuse désespérance. Elles sont innombrables comme les héros, leurs maris et leurs fils.

Et tous ces sacrifices consentis, tout ce bel héroïsme sachant se plier à la résignation, sont les plus sûrs présages du triomphe prochain de la France. Triomphe du territoire élargi par ses deux provinces reconquises. Triomphe moral d'avoir vu et senti l'âme véritable de ses enfants, qui se sont révélés dans leur patriotisme.

20 janvier 1915.

Il faut du linge pour ceux qui nous arrivent dans leur glorieuse défroque trouée par les balles, souillée par le sang et la boue. Il en faut pour ceux qui, guéris, retournent à la défense nationale.

Parmi les ouvroirs, certains, particulièrement intéressants, ont été organisés par les directrices d'écoles primaires et d'écoles maternelles.

Celles-ci ont déjà une lourde tâche à remplir. Elles instruisent, dans le sens grave du mot, le peuple enfantin. Elles lui apprennent à lire, à comprendre, puis à penser, lui donnent un enseignement et une conscience. Réaliser cette tâche est, certes, beaucoup. Les institutrices ont fait davantage encore. Leurs généreuses cotisations servent à des achats d'étoffes et de laine et, la classe finie, les pupitres fermés, les petits enfants partis en bandes joyeuses, elles se réunissent dans une salle, entourées par les plus grandes élèves de huit à treize ans qui s'emploient suivant leurs aptitudes.

Cette besogne volontaire associe les enfants à la grande tâche patriotique. C'est le haut enseignement de la guerre. En cousant la flanelle des plastrons, elles songent aux pères et aux frères qui ont froid dans les tranchées. Les chemises qu'elles rapiècent sont pour les grands blessés, dont on leur parle avec respect.

Une femme me dit :

— Mon mari est mobilisé, moi je n'ai pas le temps de lire le journal. On serait comme des sauvages si les petites ne nous disaient pas ce que Madame la directrice leur raconte de la guerre.

L'activité et le goût se révèlent dans les ouvrages. Les plastrons chauds et moelleux sont agréables à voir. Les teintes des bordures sont assorties à celles des étoffes.

Dans une des écoles on a utilisé les échantillons donnés par les magasins pour en faire des couvre-pieds. Les toutes petites assemblent les morceaux que les grandes cousent et ornent d'un joli point de fantaisie. Têtes brunes et blondes se penchent. Les petites mains, d'abord maladroites, deviennent chaque jour plus vives. La directrice et les adjointes ouatent ces chauds couvre-pieds. L'un d'eux, de couleurs vives, doublé d'une indienne à fleurs, fut mis sur le lit d'un Tunisien frileux. Il s'émerveillait de cet ouvrage patient, comptait les morceaux d'étoffe réunis et disait :

— Françaises, beaucoup bons, beaucoup travail.

Dans des morceaux de tapis, on a taillé des pantoufles pour les convalescents. Puis on a fait des coussins de toutes les dimensions. On reprise le linge. On coud des draps. On ourle mouchoirs et serviettes.

Petites filles, vous aurez, cet hiver, appris à faire bien des travaux de couture. Et vous aurez pu connaître le dévouement illimité de celles dont les maris, les fils, les frères défendent ardemment le pays contre l'envahisseur. Elles donnent leur temps, leur santé, leur âme enfin, si haute et si noble. Et pour vous, fillettes de France, leur exemple sera la grande, l'éloquente leçon de la guerre.

A côté de l'école, ruche bourdonnante et joyeuse, nous trouvons l'ouvroir des réfugiées. Car, à Nice, comme dans toutes les villes du Midi, on a accueilli les habitantes de la Meuse, de la Meurthe-et-Moselle, de l'Aisne, de tous les départements envahis.

Ces femmes ont vu les barbares arriver, vociférant et ivres. Elles ont vu d'inoffensifs vieillards fusillés, des jeunes filles violées, des enfants assassinés.

Elles ont assisté à la destruction de paisibles villages incendiés méthodiquement, car nulle guerre n'eut jamais le caractère féroce de celle faite par l'Allemand. Elles ont dû fuir pour ne pas être massacrées, fuite tragique dans la nuit, alors que les flammes s'élevaient des maisons, et que la canonnade éclatait.

Les chefs ordonnaient l'incendie, les soldats pillaient et tuaient. Et les femmes du Nord aux vêtements sombres, aux visages blêmes, aux pathétiques regards de détresse sont les augustes victimes qui, actuellement encore, vivent comme épouvantées. Le transitoire de leur exil prend pour elles une signification de définitif.

Il est nécessaire, pourtant, que nul ne se décourage ni désespère. Un groupe de dames qui travaillent pour les blessés a sollicité le concours des réfugiées. Celles-ci furent surprises et touchées. Sans gîte, sans argent, elles pouvaient donc encore se rendre utiles.

Elles vinrent à l'ouvroir.

Elles ont des traits un peu lourds, des cheveux d'un châtain terne qu'elles arrangent en chignon serré. Elles ne goûtent pas les joies que la nature méridionale dipense à tous, riches et pauvres. Quand on les promène dans les champs de roses et d'œillets, elle n'ont pas une parole d'admiration :

—Chez nous, disent-elles, il y a du blé, des pommes de terre, des betteraves. Nous avons aussi des fleurs, mais en été seulement. En hiver on reste chez soi, on a des poêles qui chauffent si bien ! Ici, c'est un drôle de climat, tout le temps du soleil, et une drôle de nourriture, des pâtes et des tomates.

Cette vieille femme est de la Meuse. Toute petite, toute menue dans ses vêtements usés, avec son bonnet de dentelles, son fichu de laine, son tablier noir, ses lunettes, elle a un aspect honnête et bon. Elle a dû faire vingt kilomètres à pied, en soutenant son vieux mari. Sa maison a été brûlée, ainsi que ses meubles et son linge.

Elle dit :

— Mon beau linge, que j'avais depuis mon mariage ! Enfin ! pourvu que mes deux fils, soldats, me reviennent en bonne santé ! On reconstruira une petite case !

Cette autre femme est grande, large d'épaules, sa jupe arrive aux chevilles, mais ce n'est point parce qu'elle sacrifie à la mode. Elle s'explique tout de suite.

— C'est malheureux pour moi, Madame, d'être si grande, jamais, dans les vestiaires de réfugiés je ne trouve rien à ma taille. Et voyez, j'ai dû choisir une paire de bottines d'homme.

Elle avance un pied chaussé de pesants godillots, puis essuie son visage rouge, baigné de sueur, et avec son accent un peu traînant :

— Ce soleil, Madame, jamais je ne m'y ferai ! Enfin, comme on dit : « à la guerre comme à la guerre ».

Mme L... est de la Meurthe-et-Moselle, elle a vu les Allemands chez elle, pillant ses armoires. Par un raffinement de barbarie, on a gardé son mari pour lui faire cultiver son champ, au profit de l'ennemi, et l'on a envoyé la femme en Allemagne, avec un convoi de prisonniers civils. Enfin elle a été rapatriée.

Elle a eu la grande joie de retrouver son fils dans notre hôpital, elle va le voir chaque jour, il se rétablit lentement d'une grave blessure à la jambe, mais il compte bien retourner au front.

— Vous comprenez, dit-il, nous voulons débarrasser le pays de cette engeance.

Sa mère est fière de lui, mais en bonne ménagère, elle regrette ses meubles, son linge qu'on a mis en lambeaux, sous ses yeux. Elle dit :

— Ici, on ne se doute pas qu'il y a la guerre !

Alors une des dames de l'ouvroir, vêtue de deuil, réplique doucement :

— Il n'est pas un coin de France où l'on ne souffre pas... nous avons notre part de peine !

En effet, cette mère a perdu son fils unique, tué à la guerre. Elle ne trouve d'apaisement à sa grande douleur qu'en se dévouant aux autres.

Et l'ouvroir, avec sa grande table chargée de flanelle, d'écheveaux de laine, prend la signification d'un temple où, sous les auspices du travail, femmes du midi et femmes du nord communient dans la grande religion de la patrie.

25 janvier 1915.

Un convoi de blessés est arrivé ce matin, et une activité disciplinée règne à l'hôpital.

De tout jeunes brancardiers en blouse blanche, coiffés crânement de bonnets de police, portent sur une civière un corps étendu au masque blême, aux paupières closes, gardant encore la rigidité produite par l'anesthésie. Les infirmières passent, chargées d'uniformes boueux et troués. Un docteur, les manches retroussées, se hâte vers la salle de pansements. Une odeur de chloroforme et d'eau phéniquée se mêle à l'âcre senteur de boue et de drap mouillé qui, pour nous, évoque le champ de bataille. Et tous et toutes se demandent anxieusement :

« De quels combats viennent-ils ? Quels spectacles de villes bombardées, d'agonisants et de morts ont-ils contemplés ? Quelles furent leurs souffrances passées, quand les engins meurtriers ont déchiré leur chair, et quelles souffrances futures leur seront imposées pour les guérir ? »

Et dans la grande salle où reposent les nouveaux venus, la démarche des infirmières se fait plus glissante, leur voix, assourdie, leurs gestes, précautionneux.

L'un des blessés semble très anxieux. C'est un tout jeune homme qui a été opéré à l'ambulance du front. Ici, il a supporté héroïquement un pansement particulièrement douloureux. Un cerceau soulève le drap au-dessus de sa jambe blessée. Il interroge son voisin, qui répond :

— Sais pas !

Je m'approche de lui :

— Souffrez-vous, mon ami ? Que désirez-vous ?

— Ah ! dit-il, je me demande ce qu'on a fait de ma couverture. J'avais une couverture grise à laquelle je tiens beaucoup. Elle m'a servi tout le temps de la guerre.

Je demande :

— Et votre blessure ?

Il répond avec insouciance :

— Une balle dans la jambe, l'os attaqué, je crois... Mais je voudrais être sûr que ma couverture...

— Je vais recommander qu'on vous la rende.

Et je me dirige vers la lingerie installée dans l'ancien salon de musique. Actuellement le piano à queue sert de table où l'on range des mouchoires et des paires de chaussettes. Le sergent D... vérifie le compte. Mince, délicat, avec un grand front intelligent et des yeux tristes, il est professeur d'histoire à la Faculté de ...

Quand la guerre fut déclarée, il eut le désir passionné d'y prendre part. Mais, malgré ses démarches, il fut versé dans le service auxiliaire et préposé à la lingerie, par un des hasards de la mobilisation.

Pour lui, chaque étape de la grande épopée est symbolisée par des draps et des chemises à distribuer aux nouveaux venus.

Tout en rangeant gauchement son linge dans une grande armoire, il s'indigne :

— J'ai vu un pauvre petit abîmé par une grenade explosive. Ils ont des armes déloyales. Quels barbares ! Il faut remonter loin dans l'antiquité...

Une infirmière arrive, et très pressée :

— Je voudrais deux chemises en toile...

Le sergent ajuste son lorgnon :

— Madame, je vous avouerai que je ne distingue pas la toile du coton... Mais ayez la bonté de voir vous-même.

Je parle de la couverture. Le sergent est tout attendri :

— Pauvre petit ! Il l'aura sa couverture ! Vous dites le lit 205 ? Bon, je m'en occuperai.

Simultanément deux, trois infirmières arrivent :

— Je voudrais bien des mouchoirs.

— Moi, une taie d'oreiller.

Une dame observe, un peu ironique :

— Voilà un métier auquel vous n'étiez certes pas accoutumé !

M. D... réplique gravement :

— Eux non plus n'étaient point habitués à recevoir des balles et des obus !

Le sergent s'intéresse aux blessés, leur offre des cigarettes, écrit sous leur dictée. Et il use de son autorité lorsqu'il s'agit d'obtenir, à la cuisine, un plat de régime ou un supplément de lait ou d'œufs.

Il est un des anneaux de la grande chaîne fraternelle qui, à l'ambulance, entoure les blessés de soins attentifs.

Cependant je rassure le 205 au sujet de sa couverture. Son visage inquiet se détend. Les yeux bleu de mer sourient dans le visage hâlé. Avec l'accent un peu lent du Nord, il dit :

— Je suis soigneux de mes affaires. Même que là-bas, dans les tranchées, on me blaguait parce que je gardais mon sac toujours bien en ordre.

On m'appelait « vieux garçon ». Pourtant j'ai que vingt-cinq ans.

Il rit en me montrant ses dents blanches. Et il ajoute :

— Tout ce qui est marin a de l'ordre. Mon père est pêcheur, moi pilote. Quand je suis parti, ma mère m'a donné cette couverture. Ça m'a porté chance, puisque j'ai fait toute la campagne, depuis le mois d'août. D'abord on se battait dans la plaine, puis ç'a été les tranchées. Là, on se croirait à l'hôtel. Les trois repas, vin, café... c'est un peu humide, par exemple, et puis on attrape des obus... A part ça, on est gais, toujours. Le Français n'aime pas la tristesse. On chante, on blague. Tout de même j'espère que ça va nous débarrasser de l'ouvrier allemand. Vous ne vous figurez pas l'importance qu'ils ont dans le Nord. Ils se font embaucher partout. Ils étaient plus avantagés que nous. Si nous faisons un dégât dans le port, il faut le payer. Eux vont à leur consulat, on leur évite l'amende. Ils connaissent tout. Même le canal de..., leurs ouvriers l'ont construit, c'était un entrepreneur allemand. Alors ils sont entrés tout droit. Il n'y avait pas encore d'eau. On a laissé prendre racine à ces gens-là chez nous. On les traitait de frères. Drôles de frères, qui venaient nous espionner et nous trahir ! A présent on les arrache comme de la mauvaise graine. On y mettra le temps qu'il faudra. On travaille pour ceux qui viendront après nous, pour nos enfants. Moi j'allais pour me marier quand la guerre a éclaté. Ma fiancée, une petite très brave, m'a dit quand je suis parti : « En t'attendant, je coudrai le linge de chez nous ». Elle le fait comme elle l'a dit. Sur chacune de ses lettres, elle me mettait : « J'ai ourlé douze torchons. J'ai marqué des serviettes ». Quand je lisais ça, j'étais content. Moi, je creusais la tranchée. Puis des obus sifflaient. On s'étendait à plat ventre. On blaguait : Attrapera ! Attrapera pas ! Ça ratait. On se redressait. Par exemple on avait de la boue jusqu'aux épaules. Moi je creusais comme si ç'avait été ma maison dans un petit champ, là-bas, qui m'appartient. « Un jour, voilà une sacrée marmite. Pan ! Il m'a semblé que mon os se brisait. Alors voilà... »

10 février 1915.

Ce blessé-là a déclaré :
— J'ai toute une tranche de beefsteak enlevée dans la cuisse par les Boches.

Avec son teint pâle, ses cheveux blonds tombant en lourde mèche sur le front lisse, son cou blanc et rond, dégagé du col de la chemise, il semble un enfant très las.

— Il n'est pas causant, le camarade, remarque Molinac, son voisin de lit.

Actuellement Molinac, qui vient de subir une nouvelle opération, est le doyen des blessés. Il appelle familièrement le docteur « Le père *** ». Nombre d'infirmières lui apportent des journaux, des oranges. Le colonel en retraite, dont la première visite fut si émouvante, revient chaque jeudi, lui offre des cigarettes que Molinac distribue avec générosité à ses voisins :

— Du tabac de colonel, mon vieux !

Malgré cette situation privilégiée, Molinac éprouve une admiration mêlée d'envie pour « ceux des tranchées ». Car il n'a connu que la bataille en plaine, où l'on s'abritait, pour tirer, derrière une meule ou un tas de cailloux. Et lorsqu'il a vu le nouveau enveloppé d'une véritable tunique de boue, il a observé :

— Celui-là aussi vient des tranchées...

Et il lui a tout de suite glissé dans la main des cigarettes de choix.

Aujourd'hui le ciel est d'un bleu pur, le soleil brille, aussi avons-nous ouvert toutes grandes les fenêtres. Le nouveau venu regarde curieusement la petite place où se dresse un massif de palmiers et, là-bas, dans le lointain, la chaîne de montagnes qui limite l'horizon, avec les aloès aux lances aiguës, les cyprès à panaches sombres et les mimosas semés d'or. Le paysage méridional semble l'étonner. Il dit :

— Ça ne ressemble pas à chez nous. Je suis du côté d'E..., en Champagne. Et il détourne les yeux, comme ébloui par la trop vive lumière.

Voici qu'éclatent les accents d'une marche militaire. Ce sont les troupes qui reviennent de la revue et longent le quai du Paillon, en face de nos fenêtres.

Dans l'hôpital, c'est une soudaine animation. Les convalescents, appuyés sur leurs béquilles, descendent le grand escalier de marbre, et se groupent devant la porte. D'autres, têtes bandées, bras en écharpe, se penchent aux fenêtres. Molinac obtient la permission de se lever. Il s'enveloppe d'un kimono rouge à dessins blancs, cadeau d'une infirmière, et ainsi il ressemble à quelque japonais évadé du carnaval de jadis. Alors le jeune blessé s'anime, il nous demande de l'asseoir sur son lit. Nous l'installons avec des oreillers. Et tous les regards et toutes les âmes sont tendus vers le grand spectacle, le défilé des troupes.

Ils passent, les artilleurs robustes, ceux qui sont les maîtres du canon, la force vengeresse qui détruit, là-bas, les hordes des Barbares. Ils passent, les chasseurs aux visages imberbes, aux corps sveltes assouplis par les sports, hardis adolescents qui, bientôt, vont rejoindre leurs aînés... Et voici les compagnies de ligne alertes et vives, avec l'équipement de campagne qui ne pèse guère aux épaules robustes des soldats. Enfin les tirailleurs sénégalais, à la haute stature, au visage couleur de bronze, encadré par le turban bleu.

Ces troupes expriment les réserves de la nation, sa force, sa discipline d'autant plus stricte qu'elle est voulue. Et le clairon retentit, comme un chant de victoire, et l'irrésistible élan entraîne la foule, elle applaudit ceux qui sont résolus à tous les héroïsmes, à tous les sacrifices. Les dernières chéchias ont disparu dans le lointain. Le quai est redevenu désert. Alors le jeune soldat, appuyé à ses oreillers, observe :

— Ils marchent bien, les camarades !

Un peu de rose anime ses joues, son regard brille, il semble tout à coup familiarisé avec les êtres et les choses, et il reprend :

— Bientôt, j'espère pouvoir les rejoindre. Le major a dit que dans un mois je serai guéri, alors je retournerai au régiment. Et d'abord j'aurai une permission pour chez moi. Parce que je suis de loin... Les premiers jours, j'étais dépaysé ici, à voir ces drôles d'arbres... — Il désigne le massif de dattiers sur la place — et puis maintenant que j'ai vu les troupes, je me sens chez moi.

Molinac, avec son accent méridional, observe :

— Mon petit, ceusses du nord et ceusses du midi, c'est tous des Français !

L'adolescent réplique :

— Oui, on est frères, quand on a été ensemble dans les tranchées.

Molinac, qui s'est recouché et allonge sa jambe blessée avec précaution, demande :

— Les tranchées, comme qui dirait un terrier à lapins ?

— Et à rudes lapins, tu sais ! Nous avions arrangé la nôtre avec des planches qui tapissaient les murs... C'était même confortable. On a mis de la paille par terre. Mais une source coulait, alors ça inondait tout. On avait les pieds dans l'eau. Eh bien, on ne s'enrhume jamais. On engraisse même, rapport à ce qu'on est bien nourri. De la viande à tous les repas, du vin et aussi du tabac et du chocolat. Ce qui est triste, c'est la nuit, dès quatre heures. On ne peut pas dormir. On pense à des choses. J'ai ma mère qui est veuve... Fallait que je lui écrive tous les jours. Des fois, j'avais pas d'enveloppes, je prenais une feuille de papier gris, et puis je la repliais avec l'adresse écrite dessus, et ça arrivait. D'ici, je lui ai envoyé une carte illustrée.

— Elle n'a que toi d'enfant, ta mère ?

— On est quatre : deux sœurs, quatorze et quinze ans, et un frère de vingt ans. Celui-là n'a que deux doigts à une main, un accident de naissance. Eh bien, quand ç'a été la mobilisation, il a voulu partir comme nous autres, et il a tant fait qu'il a été accepté. Il est dans les convois de ravitaillement.

— Tu as vu les boches, dans ton patelin ?

Les yeux bleus brillent.

— Pas chez nous, mais dans un village à côté, j'ai vu comme je te vois trois petits aux mains coupées. Pauvres gosses ! ce que ça m'a fait de peine !

— Ils sont saouls quand ils font des choses comme ça, observe notre méridional.

Le champenois riposte :

— Eh bien, un Français a beau être saoul — ça arrive à tout le monde — il n'aurait pas idée d'assassiner des enfants et de brûler des maisons. Les boches sont cruels et puis lâches. Ils se laissent faire prisonniers tout de suite. Qu'un chef soit tué, c'est la déroute pour eux. Une fois, on était quatre-vingts contre deux cents boches. On en a fait prisonniers un tas...

Molinac dit :

— Une chose qui me faisait de la peine, c'était de rencontrer des camarades morts, et puis des chevaux, parce qu'eux ils ne comprennent pas pourquoi on se défend...

Le champenois observe :

— Quand on a vu des villages brûlés, des femmes tuées, des gosses assassinés, on ne pense plus qu'une chose : à punir ces criminels, débarrasser le pays de leur présence.

La volonté de revanche exprimée par ce jeune soldat est le complément nécessaire de l'héroïsme que nous révèlent tous les propos tenus par les blessés.

20 février 1915.

Les brancardiers installèrent ce blessé dans son lit. Il ne pesait guère, maigre, comme usé par les souffrances. Son bras gauche était immobilisé dans un appareil de plâtre et les deux jambes emmaillotées d'ouate et de bandes. Une grande cicatrice encore sanguinolente barrait le cou. Avec son visage allongé aux traits aigus, ses cheveux bruns bouclés, ses paupières closes, il ressemblait au saint Jean-Baptiste après la décollation, de Mantegna. Il ouvrit les yeux, et me dit :

— Vous regardez ma blessure ? On croirait que j'ai été guillotiné, s'pas ? C'est une balle qui m'a éraflé la peau, sans rien casser. Déjà j'avais reçu mon compte, les deux jambes en marmelade. Mais cette blessure au cou a saigné, l'officier allemand qui passait m'a cru mort. Alors, pour être sûr, il m'a pris le bras, l'a cassé. Crac ! j'ai pas bronché, pas crié. Lui m'a rejeté par terre comme une guenille, et il a continué sa promenade, tirant des coups de revolver sur tout ce qui bougeait. Ils sont cruels, ces gens-là. Je me suis évanoui, puis des brancardiers sont arrivés, on m'a conduit à Nancy. Boum ! Les boches ont bombardé l'ambulance ! On nous a d'abord fourrés à la cave, comme des tonneaux. Puis on nous a mis dans un train sanitaire et conduits ici... Vous pensez si c'est agréable, ces trimballages. Vrai ! Moi qui ne suis pas déménageur de mon naturel, on m'embête. J'étais au premier, bon ! Le major m'envoie ici... au second !

Son regard brillant de fièvre, ses pommettes rouges, lui donnent une fausse apparence de santé. Je consultai la feuille de température. La ligne oscillait entre 39 et 41.

L'infirmier apporta un gros paquet enveloppé d'une serviette, noué par les quatre coins.

— Voilà ton baluchon !

L'autre demande, d'un ton mécontent :

— Tu n'as rien oublié, au moins ? Et mon paquet de chocolat ? Et mes bonbons ?

— Mon vieux, l'infirmière a tout arrangé. Elle

t'envoie le bonjour, elle ne peut pas venir te voir ce matin, rapport au numéro 12 qu'on opère... Mais elle montera ce soir.

Et, s'adressant à moi, l'infirmier dit :

— Ce qu'il est gâté, ce Raoul ! Oui, il s'appelle Raoul, comme dans les z'Huguenots. Dans le civil, je suis figurant à l'opéra de Nice, et aussi tresseur de paniers. Je vous disais donc que, salle Joffre, c'était lui, le grand blessé. Le major venait le voir deux fois par jour. Les dames lui apportaient des œufs frais, du poulet. On l'a opéré huit fois. Alors, d'être si gâté, il est devenu exigeant, il rouspète tout le temps.

Avec un sourire un peu fat, le nouveau venu écoutait ce réquisitoire. Privé de toutes distractions, ne pouvant ni fumer ni jouer aux cartes, il s'était créé une originalité et, à côté de ses camarades résignés et gais, il était « celui qui réclame ».

D'un ton maussade, il me pria d'arranger ses coussins, puis d'ouvrir la fenêtre. Le Jardin public était inondé de soleil avec ses beaux palmiers et ses mimosas en fleurs. Il grommela :

— Dire que c'est ça, Nice, où les gens rupins viennent pour leur agrément. Pas seulement d'autobus ! Moi, j'aime que mon Paris !

L'infirmier, froissé dans son amour-propre de Niçois, riposta :

— Tout de même, à Paris, tu n'as pas ces belles montagnes, ni la mer...

— Mon vieux, je reste aux Batignolles, rue des

Dames, au cintième. Je te réponds que la vue est grandiose ! Toutes les cheminées de Paris, on les aperçoit. C'est comme une forêt... — Il haleta, puis de sa voix oppressée, reprit : — Je suis employé dans une épicerie, boulevard des Batignolles. Là encore, c'est gai, un tas de petites boniches viennent. M. Raoul par ci, M. Raoul par là... Elles me trouvent distingué. Il toussa et grommela : — Madame, fermez donc la fenêtre. Il vient une sacrée odeur d'oranger en fleurs !

Un matin, on lui remit un mandat de vingt-cinq francs. Il bougonna :

— Cette idée qu'a ma mère de m'envoyer de l'argent. Elle est à son aise. C'est une dame qui fait des ménages. Mais ici, je vous demande de quoi j'ai besoin !

Les femmes n'envoient guère d'argent à leur mari. Elles se disent : « Le gouvernement le soignera ». Mais les mères s'inquiètent, pensent : « Ces dames de la Croix-Rouge, elles ne savent pas, peut-être, que mon petit aime à boire son café au lait bien sucré. S'il n'avait pas de sucre ! » Elles se privent et elles envoient toutes des mandats à leurs enfants.

Raoul expédiait souvent des cartes postales à sa mère. Il écrivait péniblement quelques lignes : « Ça va très bien, le bras fracturé seulement. Ton fils pour la vie ».

Or une neuvième opération fut nécessaire pour enlever un éclat d'obus qui avait déterminé un abcès au genou. Et voici que l'état de Raoul s'aggrava soudain.

Le thermomètre montait jusqu'à 41° et 42. Le chirurgien, après l'avoir examiné, me retint dans la pièce voisine :

— Nous allons essayer des injections de sérum marin, la suralimentation, jus de viande, jaunes d'œuf. Mais il est très mal, prévenons sa famille.

Il rédigea une dépêche : « L'état de votre fils s'est aggravé. Je vous engage à venir. Docteur *** ». Et je pensais avec angoisse à la douleur de cette mère, dont le fils unique allait sans doute mourir... Cependant on faisait au blessé des injections de sérum. Jour et nuit, une infirmière veillait près de lui. Il ne sortait de sa somnolence que pour demander à manger, conservant un appétit insatiable. A sa porte, nous avions fixé une pancarte où nous avions écrit en grosses lettres : « Entrez doucement », afin que le vaguemestre et l'infirmier n'ouvrent pas bruyamment la porte.

Entrez doucement ! Ces deux mots-là prennent, à l'hôpital, une signification tragique, car dans les chambres ainsi désignées, la visiteuse qu'on attend, c'est la Mort, et l'on espère qu'elle viendra doucement, sans torturante agonie... Un matin, Raoul ouvrit les yeux et prononça :

— Ils m'embêtent, à la fin, avec leur sérum et leur régime !

L'infirmier dit :

— Bon signe, s'il rouspète !

Et le docteur observa :

— La température baisse, le pouls est normal... il semble vraiment tiré d'affaire. Continuons le traitement !

La mère arriva un après-midi. Vêtue de noir, coiffée d'une petite capote à brides, portant un grand panier à couvercle. Le planton ne voulait pas qu'elle entrât :

— De midi à deux heures, les visites !

Elle répliqua :

— Je ne suis pas une visite, je suis la maman d'un blessé.

Le soldat bougonna :

— Si on m'engueule, je m'en f... Passez !

Elle dit :

— **Merci, Monsieur.**

Et puis, apercevant une infirmière en blouse blanche, en voile flottant, elle expliqua :

— Je viens voir mon garçon Raoul...

Précisément cette dame connaissait le grand blessé, dont la résurrection réjouissait le chirurgien. Elle précéda la mère dans la chambre où Raoul, son drap remonté au menton, le visage un peu pâle, mais animé, s'impatientait :

— Toujours des œufs, toujours de la confiture, ça devient monotone !

La mère entra :

— Raoul, mon petit !

Le mince visage ridé resplendit illuminé par un regard si tendre, le regard qui révélait l'amour maternel. Et puis la mère s'installa près du malade et sortit un tricot de son grand panier : ses pauvres mains aux ongles usés, à la peau durcie, ne savaient pas rester oisives.

Comme elle avait dû travailler pour élever son fils, l'envoyer en classe, lui donner de « l'instruction » — car il avait son certificat d'études, son premier brevet, il ne tenait qu'à lui de devenir caissier dans son épicerie. Elle est restée quelques jours à Nice, et puis elle a voulu repartir :

— Le petit n'a pas besoin de moi, il est bien soigné ici.

Elle a distribué ses provisions aux camarades de son fils. Ils ont dit :

— Merci, maman !

Elle a répondu, très émue :

— Guérissez vite, mes enfants !

Son grand panier a été rempli par nous d'oranges, de mandarines et d'œillets. Elle a observé :

— Les fleurs, ça sera pour mes patrons, les fruits pour les gamins de ma maison.

On voit qu'elle ne songe jamais à elle-même.

Elle a ajouté :

— Je suis contente d'avoir vu Raoul. Je l'attends chez nous.

Et nous avons enlevé de la porte la pancarte : « Entrez doucement », puisque la visiteuse que nous craignions de voir venir n'arriva pas, chassée, eût-on dit, par la présence de la mère...

10 mars 1915.

Une journée lumineuse et chaude dans la petite ville de Saint-Raphaël, si pittoresque, avec ses rues étroites où la poussière de porphyre étend comme un tapis de pourpre et ses maisons peintes en rose, aux galeries enguirlandées de vigne. Dans une boutique, les abricots jaune d'or, et les pêches roses frôlent les aubergines violettes, les tomates luisantes et rouges et les salades d'un vert tendre. Une marchande de poissons est accroupie devant les grands paniers plats emplis de rougets roses, de sardines argentées, de petites langoustes d'un noir bleuté, dont les queues claquent sur le tas de poissons gluants et mous. Les femmes en robes claires sont installées à coudre au seuil de leur porte, et la petite ville exprime la joie de l'été prochain.

Soudain voici un cortège qui débouche sur la place. Quatre Sénégalais en grand uniforme, la médaille des braves attachée à leur tunique, précèdent le prêtre en étole de deuil, suivi par les enfants de chœur. Le char funèbre est décoré de drapeaux tricolores et de fleurs à profusion, roses rouges et roses blanches. Il est suivi par une vieille femme en deuil, coiffée d'un bonnet, avec un visage hâlé et ridé, et un vieil homme en redingote noire. Ce sont les parents du soldat mort, de braves fermiers d'Auvergne, venus pour assister aux derniers moments de leur fils, à l'hôpital de Saint-Raphaël.

Il avait eu les poumons traversés par une balle et, malgré les soins dévoués du chirurgien, il succomba, tenant dans la sienne la main de sa mère en murmurant :

— Je suis content... j'ai fait mon devoir, je te revois... bientôt je serai guéri... je retournerai là-bas... Vive la France !

Derrière les parents viennent des infirmières de la Croix-Rouge, blouses blanches et voiles blancs flottants, une escouade de tirailleurs sénégalais, fusil en berne et deux groupes d'écoliers, filles et garçons.

Le cortège descend la petite rue, arrive au port, longe le quai. Là-bas, à l'horizon, une voile pourpre se déploie comme un grand oiseau. Les rayons du soleil couchant nuancent la mer de jaune et de mauve, et le ciel est tout d'or. Enfin sur la petite place où de grands palmiers se dressent, voici l'église trop rose, trop neuve, d'un faux style byzantin. Le porche grand ouvert laisse apercevoir l'autel, où les cierges allumés semblent de longues tiges blanches aux fleurs de flamme, qui s'épanouissent près des bouquets de lauriers roses. L'enfant de chœur balance l'encensoir.

Des bouffées d'encens se mêlent au parfum suave des fleurs. Les Sénégalais présentent les armes, le cercueil enveloppé du drapeau tricolore est porté dans l'église et l'office des morts est célébré très solennellement. Dans la nef se pressent les dames de la Croix-Rouge et les petits écoliers. Et les vieux parents agenouillés comprennent que leur deuil est celui de tous les Français. Les yeux de la mère et du père, emplis de larmes, ont un éclair d'orgueil. Ils ont donné leur fils unique, afin de sauver le pays.

Pensons à la vieillesse solitaire de ces vieux époux, à leur foyer vide, et honorons-les dans le sanctuaire de notre cœur, où nous gardons pieusement le souvenir de tous ceux qui moururent pour la France.

20 mars 1915.

Par les fenêtres larges ouvertes, le soleil entre à flots dans la salle, frôle les blessés couchés dans leurs lits blancs. Les pansements douloureux du matin sont terminés, la visite médicale n'aura lieu qu'à la fin de l'après-midi. C'est l'heure du goûter : une bonne odeur de chocolat s'exhale des bols, et les malades mordent avec appétit dans leurs brioches dorées. La porte s'ouvre, Mme D... vient distribuer des cigarettes. Sa jupe courte découvre ses hautes bottines. L'aigrette de sa toque menace le plafond. Elle regarde d'un œil malveillant les blouses des infirmières que, sans doute, elle juge « démodées ». Elle me dit :

— J'ai reçu des lettres ce matin, mais elles datent de cinq jours. Qui sait si, depuis ce temps, l'un des miens n'est pas blessé ou tué ? Mon appartement me semble navrant, si vide. Personne ne vient me voir.

Avant la guerre, Mme D... courait d'un thé à une représentation théâtrale, d'un dîner à une soirée. Parfois spirituelles, toujours rosses, ses boutades divertissaient son mari, très épris d'elle, et ses deux grands fils.

Tous trois sont partis, faisant leur devoir de français, le mari en Champagne, les fils en Artois. Mme D... n'a pas suivi l'exemple des autres femmes également éprouvées par la guerre, qui soignent les blessés, organisent des ouvroirs, s'occupent des réfugiés, mobilisées volontaires qui se sont pliées à une règle. Jadis une agitée Mme D.. est devenue une inquiète. Sur sa table gît un tricot commencé, jamais terminé. Elle va parfois visiter les blessés, les convalescents, ou les réfugiés, tout cela sans méthode, suivant son caprice. Sur son visage fardé se creusent des rides menues révélant son anxiété. Elle souffre et, pour cela, mérite la pitié. Voyant les blessés faire joyeusement une partie de cartes, elle observe :

— Décidément, le seul endroit où l'on soit gai, c'est à l'hôpital !

Volontiers, elle reprocherait leur bonne humeur à ces braves ! Mais, équitable, elle ajoute quelques paroles aigres-douces pour les infirmières :

— En somme, c'est plutôt une distraction pour

vous de venir ici, vous n'avez presque rien à faire !

Dans le couloir, elle aperçoit un brancard sur lequel gît un être pâle, enveloppé d'un drap, qu'on ramène de la salle d'opération. Elle frissonne et remarque :

— Il ne faut pas être sensible, pour soigner, moi, je ne pourrais pas !

Elle partit, et je songe à ses premières paroles : « Le seul endroit où l'on soit gai, c'est l'hôpital ». En effet ces blessés se réjouissent d'une petite attention, s'amusent de peu, rient aisément. Et c'est une forme de l'héroïsme car ils ont connu les pires souffrances, sur le champ de bataille, où, la chair déchirée, les os brisés, ils ont attendu le secours. Ensuite ce fut un long et pénible voyage, l'opération, les pansements douloureux. Leur gaîté nous apparaît belle et sacrée. Et les infirmières ont le droit de s'y associer.

L'âme tragique de la guerre leur a été révélée par tous ces soldats saignants, mutilés, aux visages amaigris et douloureux, aux vêtements couverts de sang, aux lourds souliers où colle la boue gluante des champs de bataille. Et tous ces combats glorieux, la Marne, les Eparges, elles les ont appris par les héros eux-mêmes. Elles ont leur part d'efforts et de responsabilités. Dans la lutte de la science contre la mort, le chirurgien, général en chef, dirige les infirmières, bons soldats qui combattent la fièvre et la souffrance. Et lorsqu'un grand blessé, après des soins longs et pénibles, est enfin guéri, elles ressentent l'allégresse d'une victoire gagnée.

Mais nous connaissons des ennemis sournois, pareils aux moustiques et aux mouches qui harcèlent nos soldats, ce sont les oisifs qui n'ont eu ni la volonté, ni le dévouement d'accomplir une tâche et se vengent en cherchant un motif mesquin à toutes les abnégations. Comme on chasse à coups de serviette les essaims noirs des mouches bourdonnantes, qu'on disperse les bavards malfaisants. Car à l'heure actuelle, toutes les forces sont nécessaires pour persévérer. Certes, il fut méritoire d'entrer à l'hôpital et à l'ouvroir dans un bel élan d'abnégation. Il est mieux encore de ne pas se laisser rebuter par la dure monotonie de la tâche, les déceptions qui traversent toutes les entreprises humaines.

Ainsi que le génie, la charité est tout simplement une longue, une éternelle patience.

2 avril 1915.

Ce blessé était arrivé après tant d'autres, comme ivre de lassitude et de souffrances, ayant un bras amputé et une jambe trouée. Ses plaies verdâtres firent craindre la gangrène gazeuze. Grâce aux soins éclairés du chirurgien, l'état s'améliora, les plaies se cicatrisèrent doucement.

T... avait un visage amaigri où la vie avait inscrit ses désillusions en rides auxquelles s'ajou tèrent les stigmates de la douleur. Ses cheveux étaient précocement blanchis et ses yeux exprimaient une mélancolie pathétique, contrastant avec l'insouciance de ses deux voisins de lit, gamins de vingt ans qui l'appelaient « papa ». Entre eux, ils disaient : « C'est un type épatant ! » Il avait été dans les lignes ennemies chercher son lieutenant blessé et le porta au cantonnement. Une autre fois, il s'avança hors des tranchées, c'est alors qu'il fut atteint gravement, non sans avoir abattu plusieurs Allemands. Il reçut la croix de guerre. A l'hôpital, il restait silencieux, fumant des cigarettes, et le léger nuage était comme un rideau s'interposant entre lui et les autres. D'une politesse raffinée, doux et patient, il supportait les opérations et les pansements avec stoïcisme.

Un bel après-midi ensoleillé, les deux jeunes blessée furent, pour la première fois, autorisés à sortir en voiture. Ils revêtirent leurs uniformes nettoyés et reprises, chaussèrent leurs godillots bien cirés avec une gaieté bruyante d'écoliers en congé. Nous disions de temps à autre :

— Pas tant de bruit, mes petits !

Car T..., ce jour-là, était fiévreux, souffrait davantage. Mais il murmurait :

« — Laissez-les rire, ils m'égaient ».

Ils partirent enfin. Alors T... ferma les paupières, semblant très las, pendant que nous mettions de l'ordre dans la chambre. Puis il prit un journal, lut un moment, et il posa la feuille en disant :

— Voilà un bel article, intitulé : « Les héros de la guerre ».

Une infirmière observa :

— Vous avez été l'un de ces héros.

Il répliqua :

— Tous nos soldats sont des héros. Quand on a vécu avec eux pendant des mois, partagé leur faim, leur froid, leur fatigue, on les connaît. Certains les critiquent. Ce sont ceux de l'arrière qui ne savent pas.

Et de sa voix singulièrement expressive, il poursuivit :

— La guerre recrée les âmes. Avant, j'étais un pacifiste, professeur de mathématiques au lycée de ***. Il me semblait que le temps des batailles était révolu et que, désormais, l'humanité fraternelle s'adonnerait aux besognes de paix. J'ai fait mon service militaire en jugeant que bourgeois et ouvriers gaspillaient à la caserne les mois qu'ils eussent pu employer à se perfectionner dans leur profession. Des années s'écoulèrent. J'assistai à tous les congrès, je fus de toutes les ligues pour la paix. Et la guerre survint. Mon premier sentiment, je l'avoue en toute sincérité, fut l'angoisse d'être un soldat qui va tuer son semblable. Et je pris cette résolution : marcher avec mes frères, mais ne pas tuer. Si la baïonnette ennemie menaçait ma poitrine, offrir ma vie en sacrifice à mon pays. Je ne vous parlerai pas de toutes les étapes douloureuses et glorieuses que vous avez suivies en voyant arriver chaque convoi de blessés. Moi, simple soldat, j'ai vu que toutes les séparations de classes sont conventionnelles. Là-bas, le plus fort aide le plus faible. Celui qui reçoit des colis partage avec celui qui n'en a pas. Et la fraternité naît de la communauté de devoirs et de souffrances entre ces cultivateurs, ces rentiers, ces professeurs, ces ouvriers.

Un jour, une illumination soudaine s'est faite en mon esprit. J'ai compris combien puérile était mon idée de m'offrir en holocauste. J'étais un soldat, ma vie devait servir à défendre. Je ressentis la haine de l'ennemi. On n'éloigne pas le loup avide de carnage, on le tue afin qu'il ne détruise plus les troupeaux inoffensifs. Alors je suis devenu un bon ouvrier de guerre, faisant le plus de besogne possible. Je n'ai risqué ma vie que pour en sauver d'autres. Mon bras a été la rançon du lieutenant que j'ai pu sauver et j'ai abattu trois Allemands avant d'attraper une balle dans la jambe. Depuis que je suis infirme, j'ai désespéré, à l'idée de devenir « un civil », après avoir mené l'existence terrible et magnifique de là-bas. Et puis boiteux, manchot, je suis encore « Bon pour le service », je m'adresserai à tous les pessimistes dont les paroles détestables font l'atmosphère lourde d'appréhension, ceux qui n'ont pas encore compris l'héroïsme des hommes, l'abnégation des femmes, la force admirable de la nation.

Ce mutilé au masque amaigri, sculpté par la souffrance, exprime le patriotisme ardent dont vibrent tous nos soldats, et nous comprenons que le strict devoir de tous est de pratiquer les vertus de foi et d'espérance dont ces héros blessés nous donnent un bel exemple.

15 avril 1915.

Lorsque nos blessés quittent l'hôpital, ils ont besoin de quelques semaines de soins. Or certains appartiennent à des familles besogneuses, qui ne pourraient pas leur assurer le confort nécessaire. D'autres sont originaires des régions envahies où ils ne peuvent retourner. Pour tous ceux-là, on a organisé des maisons de convalescence. Iles sont rattachées au ministère de la guerre, dépendent de l'autorité militaire. Mais elles ont un caractère familial, car directeurs et directrices entourent de soins dévoués ces braves qui ont sacrifié leur vie pour la défense du pays, ont souffert de cruelles blessures, et viennent achever de se rétablir.

Parcourons ensemble l'une d'elles, installée à Nice au château de Falicon, superbe demeure prêtée gracieusement par le comte de Falicon. Le directeur est le commandant en retraite C..., qui veille avec une autorité paternelle aux soixante soldats hospitalisés. Il est secondé par une religieuse et une infirmière, Mme S..., dont la douce sollicitude réconforte les convalescents. Nous entrons dans un hall meublé de fauteuils confortables, de tables chargées de journaux et de jeux de dames et de dominos, et d'une bibliothèque où des livres et des revues, choisis avec discernement, sont rangés dans un bel ordre. Les dortoirs sont aménagés dans de vastes salles aux fenêtres larges ouvertes sur une vue splendide. La chaîne de montagnes s'étend, veloutée d'ombres bleues. Sur leurs fines tiges, les cyprès dressent leurs touffes sombres comme des insectes géants. Les toits de Nice semblent des vagues rougeâtres, solidifiées, s'abaissant jusqu'à la mer, d'un bleu pâle.

En sous-sol, nous trouvons les réfectoires avec les longues tables couvertes de toile cirée blanche, les assiettes de faïence à fleurs roses, les verres et les carafes bleues, les fourchettes et cuillers d'étain brillant, qui s'alignent avec symétrie. De la cuisine nous arrive une appétissante odeur de viande rôtie. Une propreté méticuleuse, un ordre strict règnent partout.

Autour du château un parc s'étend, avec une avenue bordée de palmiers touffus, des prairies où trèfles et boutons d'or font des taches de couleurs vives.

Ici de hauts bambous forment un paravent, des lauriers d'un vert glacé frôlent des cyprès sombres, comme des panaches de deuil. Dans les plates-bandes, les iris violets et blancs semblent des papillons parfumés, voletant parmi les roses et les giroflées, dont les aromes embaument l'air.

En cette retraite, soixante grands blessés d'hier, sauvés par la science des chirurgiens, achèvent de se rétablir.

Dans une des allées, un jeu de boules est organisé. Un jeune soldat prend des croquis sur son album. Et sur la terrasse, deux convalescents restent allongés dans des fauteuils. L'un est aveugle, l'autre a un bras amputé. Un troisième arrive en s'appuyant sur sa canne, avec la démarche raide que lui fait une jambe paralysée. Il se laisse tomber sur une chaise-longue.

— Je suis esquinté, pour quatre pas ! Si c'est pas malheureux, moi qui étais Fort de la halle ! Et depuis le mois de septembre, je ne suis plus bon à rien.

L'aveugle interroge avec curiosité :

— Où que t'as été blessé ?

— Ben, mon vieux, à la tête, une balle qui m'a fracassé le crâne. Ils m'ont trépané, enlevé un morceau d'os.

— Tu as souffert ?

— Je te crois. Sur le moment, ç'a été comme un coup de marteau sur la tête. Mais après ! Je suis resté deux jours sur le champ de bataille, souffrant de la soif à en mourir. Alors j'aperçois un cadavre boche avec un bidon près de lui. Mes deux jambes étaient paralysées. Je me traîne sur les fesses et sur les mains. Il y avait peut-être vingt mètres. J'ai mis plus d'une heure à les faire.

Enfin ! Je suis arrivé, j'ai pris le bidon... veine : plein d'eau ! d'ordinaire, j'en suis pas gourmand, de l'eau claire ! Ben, ça m'a paru exquis. Mais il a fallu rester là. Impossible de me traîner. Des morts à droite, à gauche, partout. Et il faisait chaud ! Et ça puait ! Ah ! mon vieux, j'ai bien pensé que j'allais crever là ! Enfin ! des brancardiers... on me relève, on me fourre en auto, puis à l'ambulance. On m'a opéré sur l'heure. Ce que j'ai souffert, la cervelle à nu ! Le moindre bruit me faisait comme un coup. Mais les boches ont bombardé l'ambulance. Alors on nous a fourrés dans un train sanitaire et amenés ici. J'ai resté des semaines sans idées — tout ce que je me rappelle, c'est un mur blanc couvert de mouches. Elles me prenaient pour une charogne. Fallait qu'on me mette un rideau de tulle sur moi, comme à une mariée. Quand ç'a été cicatrisé de la tête, mes jambes ne voulaient plus marcher. J'ai été bien soigné. Du lait, du chocolat, des œufs, tout ce que je voulais. On m'a fait de l'électricité qu'ils appellent. Moi je croyais que je retrouverais mes jambes... Ah ! bien, ouiche ! Une reste toute raide.

Une déception se peint sur son visage.

Le manchot, allumant sa pipe de son unique main, dit :

— Moi, je croyais de garder mon bras, mais c'était une pourriture.

Et les deux camarades restent silencieux et mornes. A l'hôpital, au milieu des pires souffrances, ils avaient la bonne humeur et l'entrain.

Des chirurgiens les faisaient transporter dans la petite salle obscure et mystérieuse où ils étaient radiographiés. Et une photographie étrange montrait la balle ou l'éclat d'obus. Puis c'était l'anesthésie, où le corps sombre dans un profond, un délicieux sommeil, tandis que la blessure est taillée, puis pansée.

La salle de l'électricité, avec ses machines étranges, les étincelles qui jaillissent, la décharge qui semble vous ranimer. Dans cette atmosphère mystérieuse, malgré leurs souffrances cruelles, ces blessés croyaient au miracle qui les ressusciterait tels qu'ils étaient avant la guerre. Ils gardaient l'espoir. Maintenant, ils ont franchi une étape. Leur sort est définitif. Demain, ils rentreront dans la vie civile, interrompue depuis des mois.

Le paralysé résume ses pensées :

— On serait retourné à la guerrre, faire son devoir, mais on ne peut plus. Avec ma jambe, je ne suis pas leste. Le major a dit que je serai réformé, mais je ne pense pas faire mon ancien métier, porter des fardeaux... Il faut en rapprendre un autre.

Le manchot dit :

— Moi, je suis emballeur. Si je pouvais me mettre aux écritures.

L'aveugle observa :

— J'étais peintre en bâtiment, et maintenant

je ne vois plus clair. Eh bien ! je ne me bile pas !
Je me dis : « T'as été un bon soldat, après, ça
s'arrangera ! »

Il a raison, ce brave. Tous ceux qui ont sauvé
le pays de l'invasion, tous ces glorieux mutilés de
la guerre sont ceux vers lesquels notre sollicitude, désormais, se penchera. Nous avons con-
tracté envers eux une dette que nous ne pourrons
jamais acquitter, mais, par nos soins, nous les
aiderons à recommencer une vie nouvelle. Et les
paroles insouciantes du soldat, « Ça s'arrangera »,
expriment la vraie philosophie, celle qui se
ésigne.

2 mai 1915.

Par ce bel après-midi de mai, le jardin de
Falicon vibre de chants d'oiseaux. Des parfums
d'orangers et de citronniers en fleurs flottent dans
l'air. Les jeunes platanes dressent leurs grands
bouquets vert clair, et les bambous forment des
paravents brodés d'iris violets et blancs. Et dans
ce décor si riant, l'un des convalescents a eu la
joie de recevoir la visite de sa femme et de sa
fillette. Elles étaient restées dans l'Aisne, pri-
sonnières des Allemands, ne pouvant ni donner,
ni obtenir de nouvelles. Et pour le soldat blessé,
les longues heures d'ambulance étaient anxieuses.
Enfin Mme B... fit partie d'un convoi libéré,
envoyé à Nice, et elle retrouva son mari, amputé
du bras droit.

— Bah ! dit-il, j'apprendrai à écrire de la main gauche !

La fillette vient câlinement s'asseoir sur les genoux de son père. Il l'embrasse :

— Pauvre petite ! Sa mine n'est pas brillante, voyez ces joues pâles, ces yeux fiévreux ! Si ça ne fait pas horreur de faire souffrir femmes et enfants ! Ah ! si j'avais conservé mon bras, ce que je taperais sur ces boches !

Mme B... est pâle, amaigrie. Une cicatrice profonde se creuse au-dessus de la lèvre :

— Voyez, c'est la trace d'un coup de crosse de fusil d'un de leurs soldats. Il me disait d'ouvrir mes armoires. Alors il m'a frappée, a brisé les serrures, tout pillé.

Et à son mari et à moi, elle fait le récit des mois de captivité qu'elle a subis dans les environs de Soissons.

— Les boches ont passé à T... le 30 août. Ils avaient été repoussés de Villers-Cotterets. C'était des loups furieux. Ils se sont emparés des lits dans toutes les maisons. Nous avons été forcés de leur donner toutes nos provisions, tout notre linge. Ils ont fait des ordures partout. Le 16 septembre, à 5 heures du soir, les habitants ont reçu l'ordre de quitter leurs maisons sans rien emporter. On nous a conduits dans une grande carrière où nous avons couché dix nuits, seulement enveloppés d'une couverture. L'entrée était gardée par deux soldats boches. Nous devions satisfaire nos besoins là. Vous pensez l'infection ! Nous mangions de la salade et des pommes de terre. Le plus triste, c'était de voir nos enfants souffrir de la faim. Chez nous, ils mangent de bonnes tartines. Nous n'avions pas de pain. Plusieurs petits sont morts de faim pendant que ces boches s'empiffraient. Ils nous frappaient avec leurs crosses de fusil.

Ils ont fait des provisions de pommes de terre et puis emballé tous les meubles et le linge des maisons riches, des wagons entiers. Ils jetaient du pétrole et brûlaient ce qu'ils n'emportaient pas. Nous sommes retournés dans nos maisons vides. Nous n'avions le droit d'allumer ni bougies ni feu. Deux pauvres vieux n'ont pas compris, ils ont allumé des lanternes pour faire manger leurs vaches. Madame, on les a fusillés et on a forcé leur femme à assister à l'exécution, puis on a jeté les corps sur le fumier. Il a fallu que nous creusions la terre pour les enterrer.

Une autre fois, on a menacé la boulangère de la fusiller. La pauvre femme, folle de peur, s'est sauvée à la campagne. On l'a retrouvée noyée dans un étang. Des femmes sont allées chercher son corps au milieu des boulets et l'ont enterrée. Un jour un boche a aperçu une femme en noir avec un fichu sur la tête, qui portait des fleurs à l'église. Il a dit à ses chefs qu'il avait vu le pasteur déguisé. On nous a menacés de nous fusiller tous. Nous avons souffert le martyre pendant trois mois. Nous ne nous plaignions pas, nous ne pleurions pas devant eux. Ils disaient : « Françaises, braves ! » Mais ils continuaient à nous frapper et à nous tourmenter.

Le 8 décembre, nous sommes réveillés à minuit avec l'ordre de partir dans dix minutes. Dans chaque maison arrivaient dix boches, baïonnettes au canon. On nous conduit à C... sans rien nous donner à manger. Enfin on nous enferme dans une grange, on nous distribue un peu de pain en nous frappant à coups de cravache. Nous étions trois mille émigrés logés dans tous les bâtiments. Nous avons pris le train. Une jeune femme est accouchée de deux jumeaux — tous trois sont morts. A G... nous sommes restés deux mois captifs des boches. Beaucoup de femmes sont mortes des mauvais traitements qu'elles ont endurés.

Vers le 1er mars, on nous apprend que nous allons être rapatriés dans le Midi. Nous quittons G... Dans toutes les gares, on nous donne des provisions. Nous arrivons en Allemagne. On nous conduit au camp de Landau, encombré de soldats et de cavaliers. Les mitrailleuses faisaient un vacarme épouvantable. Nous croyions notre dernière heure venue. Les enfants pleuraient, c'était lamentable. Enfin nous avons aperçu des prisonniers français, civils et soldats. Ils sont fort mal nourris. Betteraves à l'eau, avoine à l'eau, pas de pain. Nous avons passé quatre nuits couchés sur de la paille. Le 8 mars, il neigeait. Le chef boche nous a tenus longtemps dehors sous la neige. Les enfants grelottaient. Il a inscrit nos numéros sur des étiquettes comme celles qu'on emploie pour envoyer des paquets. Nous avions l'air de colis postaux ! Des soldats nous escortaient, comme des prisonniers.

Enfin ! nous montons dans un train bien chauffé, nous arrivons en Suisse, à Zurich. Là, nous avons reçu un accueil touchant. Les dames et les messieurs de la Croix-Rouge nous ont conduits à l'hôtel, fait servir un bon repas. Les dames débarbouillaient nos enfants. On nous a distribué des vêtements chauds et des provisions. Nous pleurions de reconnaissance. A chaque gare, nous trouvions des personnes qui distribuaient des vivres, en disant : « Vive la France ! » Nous répondions : « Vive la Suisse ! »

A Nice, on nous a conduits dans un bel hôtel, on est bien installé. Et puis j'ai retrouvé mon mari ici, dans le château de Falicon.

— On y est dorloté, dit le convalescent, avec des gâteries. Tout de même, je ne voudrais pas trop rester à paresser. Je demanderai un emploi à mon dépôt, je veux être utile au pays, malgré que je sois infirme. Les camarades vont nous débarrasser de ces sales boches et on rentrera chez soi.

Mme B... observe :

— Notre maison est toute démolie.

Son mari réplique :

— Bah ! le gouvernement nous en donnera une autre, toute neuve, tu m'aideras à soigner notre champ !

Et la haute résignation de ce glorieux mutilé

nous fait augurer heureusement de l'avenir, où nos soldats, après avoir chassé l'ennemi, reprendront leur vie laborieuse en leur cher foyer familial.

La petite fille aperçoit un papillon, le poursuit en riant, puis elle cueille une branche de roses et, de sa voix limpide, elle entonne le refrain si souvent entendu :

> « Allons ! enfants de la Patrie,
> Le jour de gloire est arrivé... »

En voyant arriver la fillette, les convalescents ont un bon sourire qui détend leurs traits rudes. Ils songent à leurs enfants que, demain, ils vont retrouver, et aussi à tous les enfants de France que leur effort contribue à délivrer de l'ennemi.

La fillette est d'abord interdite devant cet imposant groupe de soldats, puis lisant en leurs bons regards une vraie sympathie, rassurée, joyeuse, elle reprend de sa voix claire :

> « Allons ! enfants de la Patrie ! »

Et d'un irrésistible élan, la voix mâle des convalescents continue :

> « Le jour de gloire est arrivé ! »

L'enfant est enlevé par un de ces soldats à moustaches grises, elle passe de bras en bras, familière et rieuse, et tout debout sur l'épaule d'un grand artilleur, brandissant sa hampe fleurie, elle entonne encore le chant triomphal :

« Le jour de gloire est arrivé ! »

Là-bas, à l'horizon, le ciel se teinte d'or et de pourpre, comme une apothéose, et tous, frissonnant, nous évoquons l'heure attendue, l'heure prochaine, l'heure de la Victoire.

∴

Soldats de France à l'âme héroïque et patiente, avec quelle admiration nous vous considérons !

Soldats combattants, soldats blessés, soldats morts, vous nous apparaissez tous, si héroïques, qu'il nous semble que jamais nous ne pourrons faire assez pour vous, dont la chair et le sang ont été l'offrande sacrée faite à la patrie.

Saint-Amand (Cher). — Imprimerie Bussière

www.ingramcontent.com/pod-product-compliance
Lightning Source LLC
Chambersburg PA
CBHW070244100426
42743CB00011B/2118